AIの世紀

カンブリア爆発

人間と人工知能の進化と共生

北海道新聞記者
田中 徹
Tanaka Tetsu

さくら舎

まえがき

四〇億年ほど前の地球。原始の海でアミノ酸や核酸といった有機物が反応し合い、物理的な肉体を持った生命の源が生まれたと考えられています。ゆっくりとした進化の後、五億年ほど前に突然、生物の外部形態が多様化する「大爆発」と呼ばれる進化の大事件が起こりました。三葉虫や貝類、サンゴなど骨や硬い殻を持つ生物が登場し始めるのです。この「カンブリア大爆発」はダーウィンが立てた、進化はゆっくりと漸進《ぜんしん》するという仮説を否定し、なぜ突然に生物が多様化したのか、進化の大きな謎《なぞ》となっています。

カンブリア紀以前の地層からは化石はほとんど見つかっておらず、カンブリア紀にはそれまで数十だった生物の種類が、万を超えるようになったと考えられています。カナディアン・ロッキーの山中で発見された「バージェス頁岩《けつがん》動物群」、約五億五〇〇〇万年前の海底の化石から想定される当時の生物は、ＳＦに登場しそうな、あるいは想像上の宇宙生物のようです。角や触手がいくつも生えたミミズのようであったり、口元から長い一本の腕が延びていたりと、とてもユニークで奇妙な形態をしています。外形的な多様性が起こったカンブリア紀に先だって、遺伝子の多様化が起こっていたとも考えられています。

一気に時代を下って現在、人間が行うようなさまざまな作業をコンピューターが代替するようになりました。また、単純作業から人間とのコミュニケーションまで、さまざまなロボットが数え切れないくらい登場しています。本書のタイトル『AI《エーアイ》の世紀《せいき》 カンブリア爆発《ばくはつ》』は、生物が突然に多様化したカンブリア大爆発のように、機械が一気に多様化したことを表現しています。本書の執筆にあたって、大阪大学の浅田稔《あさだみのる》教授を取材しましたが、その際に浅田氏が発した次の言葉がヒントになりました。浅田氏はロボットという身体をつくることを通じて、人間の知能や心、社会性が発達するメカニズムを研究しています。

「(現代は)ロボットのカンブリア紀のようで、楽しいよね。もっといろいろ出てきて競争があって、生き残るロボットがあって、発展していくのだろうと思う」

人工知能やロボットは、とても幅が広いものです。「知能」や「知性」も、厳密には定義がされていません。ブームを迎えたことで、なんでも人工知能やロボットにまとめる傾向もあるようです。そこでここでは、人間のような知性的な振る舞いをする機械や、人間の知性的な作業を代替する仕組みをまとめて「機械」という言葉で表現したいと思います。

初期の人工知能研究は、欧米ではチェス、日本では将棋をモデルに進められました。知性を象徴するゲームが、研究にとって最適だったからです。私がこの分野の取材を始めたのは、二〇一〇年一〇月に東京大学で行われた清水市代《しみずいちよ》女流王将（当時）と、情報処理学会のコンピューター将棋システム「あから二〇一〇」の対局がきっかけでした。日本の研究者やエンジニアは、長年の夢であったプロ棋士との対局で勝利することができました。女流棋士のトップに機械が勝ったことは、研究者にも将棋ファンにも衝撃でしたが、それでも当時、男性のトップ棋士に勝つには、なお技術的なブレークスルーが必要だと考えられていました。

しかし、それからわずか数年。機械は男性のトップ棋士にも伍《ご》するようになり、人間に勝ったことは、ニュースにすらならなくなりました。実現する直前までは、「あと一〇年は必要」と言われた囲碁ですら、あっという間に攻略されてしまいました。気がつくと、清水氏と「あから」の対局当時から見ると、魔法のようなことが現実になっています。機械の進化や進歩の加速度が一気に上がってきたようです。

現在、人工知能研究は三度目のブームと言われています。最初は、一九五〇年代にアメリカで研究が始まったころ。すぐにチェスで人間を凌駕《りょうが》する、と言われましたがそうはなりませんでした。日本でエキスパート・システムというプロジェクトが打ち上げられた一九八〇年代、二度目のブームがありました。しかし、期待されたほどの成果はなかったようです。期待は高いだけ、失望も深くなります。二度目のブームも終わり、また冬の時代となりました。そして、二〇一〇年を過ぎたころから、三度目のブームを迎えました。コンピューターの劇的な性能向上により、不可能だったことができるようになってきたことが理由の一つのようです。また、機械知能が人間を凌駕するシンギュラリティ（技術的特異点）が大まじめに議論され始めたことも、きっかけのようです。

一九七九年、東京大学に「ＡＩ－ＵＥＯ（あいうえお）」という自主ゼミができました。ＡＩはもちろん人工知能（Artificial Intelligence）、ＵＥＯはUltra Eccentric Organization の頭文字で、自称「極端な奇人変人の集まり」。若い学生や研究者が集まり、人間のような心や知能を持ったロボットを実現しようと、議論を深めたといいますが、当時、人工知能研究はアカデミズムの世界でもまったくの異端だったといいます。日本の人工知能研究の第一人者の一人で、公立はこだて未来大学の前学長中島秀之《なかしまひでゆき》氏は「マサチューセッツ工科大では人工知能をちゃんと教えているのに、日本では教科書もなかった。それで、学生が勝手に始めた」と振り返っています。「ＡＩ－ＵＥＯ」には、自身の関心や興味、好奇心、あるいは社会的問題を解決したいという問題意識に従い、未来の技術を実現しようと若い人が集まっていました。彼らは、現在の日本の人工知能研究の礎《いしずえ》を築くことになりました。

現在のブームは、これまでの二度のブームとは違います。中島秀之氏は、公立はこだて未来大を退官後、二〇一六年六月に発足した東京大学先端人工知能学教育寄付講座の特任教授に就きます。国や企業が人工知能、ロボット分野に投入する予算や人材は桁違《けたちが》いとなり、ウェブ検索から家電、職場など人間の世界に人工知能技術が入り込んでいます。機械が人間と会話をできるようになり、新聞記事を書くようになり、自動運転車がほぼ現実化しています。これから先、人工知能技術は医療や金融・フィンテック、教育などあらゆる分野に適用され、機械知能がイノベーションを起こし、科学技術の進歩を加速させると考えられています。さらに、人間の身体や知性を強化するサイボーグ技術やネットワーク技術も現実のものとなっています。

悠久《ゆうきゅう》の時間を経た生命の進化に比べれば、「計算する機械」が登場してまだ半世紀を過ぎたばかり。生命四〇億年の進化に比べるとほんの一瞬ですが、その一瞬の間に機械はすさまじいスピードで進化しています。科学技術と人間は対立するのか共生できるのか、というテーマがしばしば議論となります。機械の進化は、アメリカの原爆開発計画「マンハッタン計画」になぞらえられ人類の危機と指摘されることもあります。

本書の取材では人工知能やロボット、経済学の研究者、企業やシンクタンクの講演会やセミナーを訪ね、いま起こっていること、これから考えられることを探りました。また、現在では古典とされる書籍を改めて読み返しました。そうした作業を通して私は、人間のつくる機械は人間を映し出す鏡であるのかもしれないと考えるようになり、そもそも人間とは何なのだろうかという答えのない問題にも直面しました。

カンブリア大爆発のように進化する機械に、人間は適応して生き残ることができるのか、本書にはそんなテーマも込めています。

二〇一七年二月

田《た》中《なか》 徹《てつ》

目次◉AIの世紀 カンブリア爆発

まえがき 1

序章 これまでのコンピューターと人工知能は何が違うのか

八枚の金貨 18
タスクとアルゴリズム 19
人間とは何か、知性とは何か 23
ナチスとの戦争のために 25
ノートパソコン一〇〇万台分 28
「完全情報ゲーム」の克服 32
「囲碁」という高い壁 36
「計算」は「直観」に勝てるのか 38

ディープ・ラーニングで人間と並ぶ　40
ボードゲーム研究の終わり　44
技術と人間・社会　47

第一章　ディープ・ラーニングで直観を獲得した機械知能

グーグルのネコ　54
脳を模倣する　57
ビッグデータと機械学習　62
源流は一九五八年　66
チェス↓将棋↓囲碁の順になった理由　68
コンピューターにとっての難しさ　70
「モンテカルロ木探索」と「多腕バンディット問題」　73
アルファ碁の「直観」　77
最後の挑戦　82
「知性を解明する」というミッション　84

あらゆる分野に広がるディープ・ラーニング　86
機械知能が人類の知能を超える日　90
支援から代替へ　92

第二章　機械が変える「不確実な世界」

研究者が注目するカーリング　96
「不確実」への挑戦　100
カーリング解明にゲーム木探索　103
選手の評価を変えた「ビッグデータ野球」　108
人間の経験則や直観が否定されるとき　112

第三章　「機械知能の爆発」はいつ起こるのか

言語がもたらした知の蓄積　118
「知識の関係」が新しいものを生む　119

クイズ番組で人間に勝った「ワトソン」 121
熱を冷ますには「心臓を止めればいい」? 123
人間の知的活動すべてが対象範囲 125
文脈を「理解」する翻訳システム 127
「人間のように」は問わない 129
犯罪予測システムの明暗 131
「フェア」とは何か 133
機械知性が人間を超える日 135
上昇カーブは急激に上向く 138
人間と同等の知能が一〇万円 140
進歩が速すぎて予測困難に 143
「シンギュラリティ」は一神教的妄想か 145
現実となった「フランケンシュタイン・コンプレックス」 147
「日本からシンギュラリティを起こそう」 149
「京」から「エクサ」へ 152
二〇一六年は「プレ・シンギュラリティ元年」 156

スパコンとエネルギー問題　158
次世代スパコンと「インダストリー４・０」　160
近づく「脳の完全再現」　164
一般社会と研究者との隔たり　166
人工知能は育ててつくる　167

第四章　ビットコインに見る管理者無用の分散型世界

「オタクが夢中の怪しいモノ」　172
広がるビットコインの市場　175
ビザンチン将軍問題　179
Ｐ２Ｐで確保された取引の真正性　182
銀行も注目する決済システム　184
「匿名性が高い」という誤解　187
中央管理者は不要　189
予測市場に賭博罪は成立するか　191

技術に追いつけない社会　194

第五章　機械がする仕事、人間がする仕事

そして悪態をつく労働者は消えた　198
「アポロ計画に匹敵する」と言われた新聞の技術革新　200
記事を機械が〝書いて〟いる　203
生産性が上がれば労働者は不要に　206
「技術的失業」という新しい病　209
労働人口の四九パーセントが代替可能　212
ＡＩの発展にはＢＩが必須　215

第六章　身体があるから知能が発生する

知能に身体は必要か　224
「モラヴェックのパラドックス」が示したこと　227

ロボカップの目標　229
ロボットの二足歩行も難しいと言われた時代　231
人間を理解するためにロボットをつくる　232
「知性を持った機械」という言い方への違和感　234
「死ぬことを意識できるか」　239
急速に進むロボットやヒューマノイドの開発　241
福音にもなれば災厄にも　246
「悪意のある不正ソフト」　248
ターミネーター化を防ぐ　251
避けられない格差の拡大　253
五億年前の生物、二一世紀の機械　255

あとがき　261
「八枚の金貨」（18ページ）の答え　269
関連年表　273
参考文献　275

AIの世紀 カンブリア爆発——人間と人工知能の進化と共生

序章　これまでのコンピューターと人工知能は何が違うのか

八枚の金貨

八枚の金貨がある。この中に一枚だけ偽物が交ざっている。偽物は本物より軽い。二回使うと壊れる天秤《てんびん》がある。この天秤を使って、偽物の金貨を特定したい——。

数学が得意な人であれば、数式を使って証明しようとするかもしれない。数学が得意でなくとも、頭のいい人は天秤と金貨をイメージして解決策を得るだろう。もっと頭のいい人は、考える、ということ自体を意識せず、瞬時に解決策を見付けるかもしれない（解答は二六九ページ）。

瞬時に問題を解決する判断は、「直観」とか「ヒューリスティック」と呼ばれている。こんな数理パズルはほかにも、「川渡り問題」「宣教師と先住民」など、さまざまある。金貨の問題でも、一三枚だったり四〇枚だったり、偽物の軽い重いが分からなかったりと、より複雑で難しい問題がある。簡単そうに見えてなかなか難しいから、いったんはまり込むとしばらくうなり、答えが出せなくて、不本意ながら答えを聞いてしまったりする。

「直観」（直感とは違う）とは、なかなか定義しにくいものだ。もともとは、哲学の言葉で、辞書的には「推論を用いず直接に対象をとらえ、瞬時にその全体や本質をとらえる」こととされている。これに対し「直感」は感覚的に瞬時にものごとをとらえることを指している。

もっと難しい数理パズルが、チェスや将棋、囲碁などのボードゲームだ。相手に勝つという課題を解く方法は、相手も勝つためにさまざまな手を凝らしてくるから、一般の数理パズルと違って一直線では解けない。それぞれの局面で判断材料は無数にあり、その選択によって局面は無数に分岐していく。素人なら「やってみなければ分からない」世界だ。しかし、この分野のプロは、無数にある選択肢の中から、直観でほぼ最善の選択肢を選ぶ。

将棋を題材に脳の活動を調べた理化学研究所と電気通信大学などは、「直観」をこう定義している。「知識の持ち主が熟知している知の領域で持つ、推論など論理操作を差し挟まない直接的かつ即時的な認識の形式のこと。ふいに感覚的に考えがひらめく直感（インスピレーション）とは異なる」

こうした直観、ヒューリスティックは、人間しか持ち得ないとも考えられていた。ところが――。

以下、コンピューターの歴史を振り返りながら、人間に迫ろうとする機械の成長ぶりを概観しておく。

タスクとアルゴリズム

タスク（課題）を解くための方法をアルゴリズム（コンピューターの世界では、プログラムやシステムの開発・設計手法を指すことが多い）という。一枚の偽物金貨を見分ける方法もアルゴリズムだ。手順を機械が理解できるよう数式にしてコードを書けば、特定の数理パズルを解く機械機能も実現できる。解決まで一直線の不確定要素のないタスクだから、解決方法さえ分かれば、私でもプログラムが書ける。もっとも、これを人工知能と考える人はあまりいないだろう。

現実社会のタスクはもっと複雑だ。しかし難しいタスクも、方法を発見してアルゴリズムを書くことができれば、解決できる。

だれでも通信をのぞき見できる状況で、特定の相手にだけ秘密のメッセージを送りたい、というタスクがあるとする。インターネットはもともと軍や研究者の限られた人しか使わなかったから、善意を前提とした仕組みでできている。情報はバケツリレー方式で送受信され、途中でのぞき見できるから、そのままではセンシティブな情報は送受信できない。一見、不可能に見えるこの課題は、一九七六年、発明者の名前をとった「ディフィー・ヘルマン鍵交換プロトコル」というアルゴリズムが考案され、一九七八年に同じく発明者の名前の頭文字を組み合わせたＲＳＡ暗号という方式ができて可能になった。

いまでは公開鍵暗号方式という名称で知られている。素数を使い、あらかじめ公開していた鍵（数字）と、秘密にしたい情報を混ぜ合わせて大きな数字をつくる。大きな数字の素因数分解はスーパーコンピューターでも難しいから、もともとの素数を知らないと復元できないという仕組みは現在、意識されることなく一般に使われている。

解決してしまえば簡単なことのように見えるが、アルゴリズムが発見されるまで、多くの優秀な頭脳が多大な時間と労力を費やした。そもそも、原始的な機械式計算機からコンピューターまで、その開発には多くの天才や無名の技術者が多大な時間をかけてきた。

ＲＳＡを発明した三人は、二〇〇二年に計算機科学の分野で最高の権威があるとされるチューリング賞を受賞した。ところが実は、この暗号方式が発表される数年前、イギリスの諜報《ちょうほう》機関ＧＣＨＱ（政府通信本部）の数学者たちが同じシステムを考案していた。しかし、ＧＣＨＱはこれを機密にしていて、機密が解かれる一九九七年までこのことは公表されなかった。

イギリスで第一次大戦後の一九一九年につくられた政府暗号学校というのが、ＧＣＨＱの前身だ。政府暗号学校は第二次世界大戦の終盤、ナチス・ドイツの暗号解読をしていた。ナチスの潜水艦Ｕボートに、連合国の軍艦や輸送船が何隻も沈められていて、暗号解読は必須のタスクだった。しかし、ナチスのエニグマ暗号はあまりに堅牢《けんろう》で、連合国はどこも解読に手を焼いていた。

エニグマは、通信文（平文）を置換するだけの、アルゴリズム自体は単純な暗号だ。日本語なら「あいうえお……」を一文字ずつ置換し「んあいうえ……」とするようなイメージだ。置換の規則さえ分かれば、すぐに平文に戻すことができる。しかし、エニグマ暗号機はいくつものローターによって何度もテキストの置換を繰り返し、その組み合わせのパターンは一・五×

一〇の二〇乗にも上る。しかもパターンは毎日、変更される。二〇〇〇年代に入り、ようやくブルート・フォース（力尽くの探索）によって解読されたエニグマ暗号があるほどだ。

政府暗号学校には、チューリング賞の冠となった天才数学者アラン・チューリング（一九一二〜一九五四年）がいた。チューリングは、置換の組み合わせを探索する「ボンベ」という機械式の原始的なコンピューターをつくった。さらに、言語学者の知見や、現代で言うソーシャル・エンジニアリング、つまり通信者の癖や頻発するキーワードを手がかりに探索候補を大幅に減らし、エニグマを解読することに成功した。数学を駆使してパズルを解くように、エニグマを解読した。

チューリングはエニグマを解読する以前、一九三六年の「計算可能数について」という論文で、人間が数学の問題を解くことを模倣したチューリング・マシンというデジタル・コンピューターの原型を構想している。

データを記憶した無限に長いテープと、テープのデータを読み取り、テープに書き込みをするヘッド、そして機械の内部状態を記憶するレジスタ（記憶回路）だけでできている単純な機械だ。外部からの入力によって、内部の状態が変化し、テープに出力することを繰り返す。こんな単純な仕組みなのにもかかわらず、計算可能な問題、アルゴリズムさえ与えればどんな計算もできることを証明したという。

チューリングの時代のもっと前、一八三〇年代から一八七〇年代の間、イギリスで数学者のチャールズ・バベッジという人が、蒸気で動く「解析機関」という機械式コンピューターを考え、開発していた。バベッジの弟子であったエイダ・ラブレスという女性は一八四三年、「解析機関は、何であれものをつくりだすわけではないが、私たちがやり方を指示できることなら何でも実行できる」というメモを残しているという。やり方を指示するというのはアルゴリズム、現代で言うコンピューターのプログラムだ。

人間とは何か、知性とは何か

「オートマトン」という機械がSFの世界でよく登場する。「自動機械」と訳され、情報科学の世界では、外部（環境）から情報が入力されると、内部の状態（記憶）が変化し、外部へ情報を出力（行動）する仕組みをもったモデルのことを言う。からくり人形や自動販売機、改札機がよく例に挙げられる。解析機関やチューリング・マシンも、オートマトンのモデルだ。歯車を使うからくり人形は機械式の計算機になり、歯車は真空管になり、さらに半導体になり、現在のデジタル・コンピューターに発展した。

オートマトンは、SFの世界や一般にはロボットと同じような意味で使われる。違和感があるものの、人間もオートマトンだ。外部の環境から情報を入力し、脳が情報を処理して状態を変化させ、身体を通じて情報・行動を出力している。

コンピューターの研究者は人間の脳がタスクをうまく解決する方法を模倣することを目指し、ロボットの研究者は人間のように知的に振る舞う機械を目指し、人間とは何か、知性とは何なのかを探ってきた。もし、経験や学習によって直観やヒューリスティックを獲得し、瞬時に判断しながら無意識に身体を動かせる機械が登場したら、人間との差はいったい何になるのだろうか。

さて。無限に長いテープは存在しないので、チューリング・マシンは実現しなかった。しかし、コンピューターはほかにも、アメリカの数学者ジョン・フォン・ノイマンらも構想し、一九四〇年代にはアイデアが具体化していた。ノイマンはハンガリー出身のユダヤ人で、八歳で微分積分を理解したなど、天才性を表す多くの逸話が伝わっている。一九三〇年にナチスの迫害から逃れアメリカに移住し、その後プリンストン高等研究所に勤め、二〇世紀の偉大な科学者の一人に数えられる。

ノイマンらのアイデアによって、それまで処理するタスクに合わせて真空管や配線などハードウェアを配列していた、チューリング・ボンベのような原始的なコンピューターから、ハードウェアを汎用化し、処理するタスクをプログラムとして読み込んで逐次処理を実行する「ノイマン型コンピューター」が実現した。以来、コンピューターの基本的な仕組みは現在まで変わっていない。デジタル・コンピューターの原型だ。

ナチスとの戦争のために

一九四三年から四五年にかけてアメリカのペンシルベニア大学で製作、運用されたエニアック（ENIAC = Electronic Numerical Integrator and Computer）という機械が、世界で初めてのデジタル・コンピューターとされている。重量三〇トン、真空管を約二万個使っていたというエニアックは、ノイマンも設計に参加し、初めてプログラムによって計算ができる機械で、一秒間に足し算や引き算を五〇〇〇回できたという。ナチスとの戦争のためアメリカ陸軍が資金を提供し、弾道計算や水素爆弾のシミュレーションに使用されたという。

エニアック以前、弾道計算は人間の計算士が行っていた。「計算士」は英語でcomputer、つまり計算する人間のことだ。エニアック以後、「コンピューター」がデジタル機械を指す語になった。エニアックは毎秒五〇〇〇回の足し算や三回の平方根計算ができ、計算士が三日かかる計算を三〇秒でこなしたという。

こうしたデジタル・コンピューターの黎明《れいめい》期、第二次世界大戦の終わりごろ、いずれ機械が人間の知性を模倣できると考えられ始めた。そうしてまず始まったのが、西洋で知性の象徴と考えられている人気ゲーム、チェスを機械にプレーさせることだった。

ハードウェアは以降、倍々ゲームで高性能になり、安価になった。

一九七六年にアップルコンピューター（現アップル）が「アップルＩ」という当時で言うマイコンを発売し、コンピューターが個人のものとなった。

個人的な話になるが、私が初めて手にしたコンピューターは、一九八五年に発売されたＮＥＣのＰＣ－８８０１ｍｋⅡＭＲという機種で、その性能は、クロック周波数が４メガヘルツ（一秒間に四〇〇万回の計算速度）、メインメモリが64キロバイト（キロは一〇の三乗、一〇〇〇）、五一二色の中から八色を表示でき、ハードディスクはなく五インチのフロッピー・ディスク・ドライブが二ついているというものだった。現在のノートパソコンの標準的な性能は、クロック周波数が２・５ギガヘルツ（一秒間に二五億回の計算速度）でメモリは16ギガバイト（ギガは一〇の九乗、一〇億）でもちろんハイビジョンや４Ｋのフルカラーだから、わずか三〇年で文字通り桁違《けたちが》いに進化したことになる。

こうした進化は、「半導体の集積密度は一八ヵ月で二倍になる、転じてコンピューターの性能は一年半から二年で二倍になり、価格は半分になる」という経験則、ムーアの法則で説明されている。もっと分かりやすい例がある。

二〇一一年に発売されたアップルのタブレットｉＰａｄ２は、アップルＡ５というＰｏＰ（ＣＰＵやＧＰＵなどをまとめてパッケージにしたもの）を搭載している。アメリカ・テネシー大学の研究によれば、ｉＰａｄ２は、一九八五年に最速だったスーパーコンピューター、アメリカのクレイ・リサーチ社「クレイ２」と同等で、一九九四年のスーパーコンピューター五〇〇傑に入る性能という。

　クレイ２の値段は一二〇〇万〜一七〇〇万ドルで、当時の為替レート約二〇〇円だと、三〇億円前後だ。クレイ２の写真は、ウェブにいくつも残っている。実際に計算を行う心臓部分と冷却装置を合わせ、大きな会議室に巨大な冷蔵庫がいくつも並ぶような代物だ。政府や軍、大企業しか手に入れられなかった計算資源が、いまやわずか数万円で個人が購入し片手で持ち歩けるようなタブレットにまで進化してしまった。二〇三〇年代には、日本のスーパーコンピューター「京《けい》」に匹敵する能力を持つコンピューターが、個人に買われ、持ち運びされる時代になっているかもしれない。いや、もうタブレットではなく、もっとユーザーにとって使いやすい端末が登場しているかもしれない。

　こうした機械の進化と、洗練されるアルゴリズムによって、現実社会を破壊的に変化させることもＳＦの世界での話ではなくなってきた。現在、私たちはネットショッピングでエニグマよりも強力でスマート、かつ簡単に使える暗号を使って、クレジットカードや個人情報を送受信している。自動運転車はすでに実用レベルにあり、機械が疾病に関係する遺伝子やタンパク質を発見し、スマートフォンのバーチャル・アシスタントが会話するように、スケジュール管理から病気の診断までしてくれる。近い将来には、「できない、できない」と言われ続けてきたリアルタイムでの翻訳をはじめ、複雑な会計文書の監査、法律に関する文書の解析、高度な意思決定まで可能になると考えられている。

海外の調査であるが、裁判官は必ずしもフェアな判決を下せてはいないというデータがある。同じような罪で起訴された被告に、同じ裁判官が執行猶予をつける割合が、休憩前と休憩後では変化するというのだ。このデータを紹介した研究者は、もしも裁かれるのなら「人間よりもフェアなアルゴリズムに裁かれたい」と、半ば冗談で言っていた。

コンピューターもアルゴリズムも爆発的に進化した。いずれ機械が人間の知性を模倣できる、といわれてきたが、現在どこまで実現に近づけているのだろう。

ノートパソコン一〇〇万台分

二〇一五年一〇月、イギリス、ロンドンのベンチャー企業「ディープ・マインド」が開発した囲碁システム「アルファ碁」が、過去三度欧州チャンピオンになったファン・フィ氏とロンドンで対局し、五対〇で勝利したと発表した。ディープ・マインドは、グーグル（二〇一五年に組織を再編し、持株会社は「アルファベット」。以下、グーグル）が買収し、研究部門に加えた会社だ。囲碁のフルサイズの一九路盤、ハンディなしでコンピューターがプロ棋士に勝利した初めてのことだった。アルファ碁の論文は科学誌「ネイチャー」に掲載され、グーグルは「囲碁は長い間、人工知能にとって偉大な挑戦であった」と記述している。

アルファ碁はさらに同年三月、世界トッププレーヤーの一人である韓国のイ・セドル九段と対局し、四勝一敗と勝ち越した。囲碁の愛好家は世界中にいて、競技人口はボードゲームの中で最も多いと言われる。対局はネットで生中継され、結果はコンピューターや囲碁の専門メディアだけでなく、世界中の一般メディアが速報した。

アルファ碁が人間を破ったということで、人工知能がＳＦの描く近未来を実現する、あるいは人間が機械に支配されるなど、すでに第三次ブームを迎えていた人工知能に関する論議はさらに沸騰した。

それにしても、人工知能というのは不思議な分野だ。コンピューターでは実現できないとき、もし、それができるようになれば「知能を実現した」ことになると考えられる。しかし、実現したとたん、そんな驚きは失せてしまう。これを「ＡＩ効果」という。コンピューターがチェスで人間に勝ったとき「チェスなんて大して知性的ではない」と言った専門家もいた。改めて考えてみる。画期的とはいえ、なぜコンピューター囲碁が開発されただけで「ネイチャー」のような科学誌に論文が掲載されるのか、なぜボードゲームで人間に勝っただけで、人工知能脅威論のようなものが起こるのだろうか。

人工知能学会によれば、人工知能という概念自体は一九四七年にチューリングがロンドンの学会で提唱した。それから一〇年ほど後の一九五六年、アメリカのダートマス大学に、ジョン・マッカーシーやマービン・ミンスキー、クロード・シャノンら天才と評される研究者が集まった。ここで、マッカーシーが「Artificial Intelligence」という言葉を初めて使った。ダートマス会議と言われるこの集まりで、彼らは自然言語処理や動物の神経を模倣したニューラル・ネットワークについて意見交換し、人間にしか解けない問題をコンピューターで解くことを目指した。

このような当初の人工知能研究にとって、最適な目標はボードゲーム、とりわけ西洋で「知性の象徴」として人気のチェスだった。一九六八年に公開された映画「二〇〇一年宇宙の旅」に登場するヒューリスティカル・コンピューター「ＨＡＬ９０００」も、知性的であることを象徴してか、チェスをプレーしている。

一九四九年にクロード・シャノンは論文「チェスのためのコンピュータープログラミング」でこんなことを述べている。

「チェスの最終的な目標は、自明といえるほど簡単ではないし、満足のいく解決を得られないほど難しいというわけではない」

また、チューリングも一九五〇年、「計算する機械と知性」という論文で「私たちは機械が、いつの日か純粋に知的な領域で人間と競争するようになることを望んでいる。けれどもどれから始めるべきだろうか？　これはかなり難しい決定だ。多くの人々は非常に抽象的な概念、たとえばチェスをするようなことから始めるのがいちばんいいと考えている。あるいは機械に金で買える最高の感覚器官をとりつけて英語を話すことと理解することを教えこむのがいいと言われることもありうる。（略）繰り返すが私は正しい答えを知っているわけではない。しかし私は両方のアプローチを試してみるべきだと思っている」と書いている。

後にノーベル経済学賞も受賞する認知心理学者ハーバト・サイモンは一九五〇年代、「あと一〇年でコンピューターはチェスの世界チャンピオンに勝つ」と予想した。人間の知的活動はアルゴリズムで記述、表現することができ、十分なハードウェアとアルゴリズムを記述したプログラムさえあれば、人間と同じように知性的に振る舞う人工知能が一九九〇年代、遅くとも二一世紀の初めには実現すると考えられた。チューリングが証明したように、アルゴリズムで解ける問題は、すべて計算可能なのだから。

しかし、チェスでさえ、予想通りには解決できなかった。サイモンの予想が実現したのは「あと一〇年」ではなく、四〇年ほどたった一九九七年だった。人間の知的活動は、さまざまな経験とそれによって培われた常識、そして直観やヒューリスティックに支えられたとても複雑な仕組みだ。ルールが厳密に設定され限られた盤面で争われるボードゲームの解決方法でさえ、そう簡単にはアルゴリズムにできるものではなかった。

草創期から冬の時代まで、日本の人工知能研究のパイオニアの一人、公立はこだて未来大学の前学長、中島秀之《なかしまひでゆき》氏は以前、「当時は、CPU一つが人間の脳一つと考えられていたが、実はインターネット全体で人間の脳一つだった」と回想した。現在、人間の脳を模倣するには、現在のノートパソコンで一〇〇万台が必要とも考えられている。

「完全情報ゲーム」の克服

チェスや将棋、囲碁、ほかにもオセロといった二人で対戦するボードゲームは「二人零和《ふたりれいわ》有限確定完全情報ゲーム」と呼ばれる。二人の勝ち負け、つまり双方の利得の総和がゼロつまり「零和」で、必ず最後がある「有限」で、麻雀やポーカーのように運不運やランダムな要素のない「確定」だ。完全情報ゲームには、必ず最善手があり、先手必勝か後手必勝、引き分けに収束する。一九二八年、ジョン・フォン・ノイマンが「室内ゲームの論理」でこのことを証明していた。また、すべての局面を解き明かせば――それは不可能であるが――必勝の手筋が分かることになる。

相手のキングや玉を獲る、相手より多くの陣地を確保するという最終的な目標を達成するため、無数の局面において無数の選択肢から最適な解を選択していく。このように、相手に勝つという明確なタスクがあり、厳密にルールが設定され、ルール以外、盤上のこと以外を考慮する必要のないゲームは、人間の知的行動の中でもモデル化するのに最適な題材だ。

ボードゲームを機械にプレーさせるとき、「ゲーム木」（35ページの図）という考えが使われる。ある局面から次の局面に移る局面の分岐・変遷を、系統樹のように図式化したものだ。チェスで、ある局面から次の局面へのパターンは平均で三五。将棋は八〇、囲碁は開始時点の三六一手から減少していく。ゲームの開始から終わりまでルール上許される手、局面の数は、次のように推測されている。だれも数えられないから、あくまで推測だ。

オセロ　一〇の六〇乗
チェス　一〇の一二〇乗
将棋　一〇の二二四乗
囲碁　一〇の三六〇乗

表計算ソフトのエクセルで一〇の三六〇乗を計算すると、「表示不可能」というエラーが出る。億、兆、京と続き、一般の日本語で最大の単位「無量大数」は一〇の六八乗だから、いかに大きな数字か分かるだろう。ちなみに、宇宙にある原子の数は一〇の九〇乗くらいという。

このゲーム木をたどって、ありうる局面すべてを解析することができれば、これらボードゲームの必勝法が分かることになる。

しかし、こうして見るとこれらボードゲームの局面の数は途方もない数だ。ある局面からある局面へ分岐する平均を八〇とすると、二手目には八〇×八〇で六四〇〇局面、三手目には六四〇〇×八〇で五一万二〇〇〇と広がっていく。わずか一〇手目で、局面の数は約一〇七四京となる。

仮に、ブルート・フォース（力尽くの探索）で一分間に一億局面を読んだとして、すべての局面を読み切るのにかかる時間はどれくらいだろうか。宇宙が誕生して一三七億年。誕生の瞬間から計算を続けても、わずか一三手目の途中にまでしか届かない。これは、エニグマ暗号の比ではない。コンピューターがいくら計算は得意だといっても、オセロですらまだすべての局面が解明されたわけではない。将棋や囲碁のすべての局面を解析することは、将来にわたっても、不可能だろうと考えられている。

そこで、コンピューターにボードゲームをプレーさせるとき、研究者や開発者は局面、局面の状態、有利・不利を数値化した評価関数というものをつくった。また、評価関数が有利な局面へ進むよう、悪手でありそうな手から延びたルートを樹木の枝を刈るように切り捨て、最善手である可能性の高い手のルートを深読みする、といった工夫を凝らした。そのため、チェス

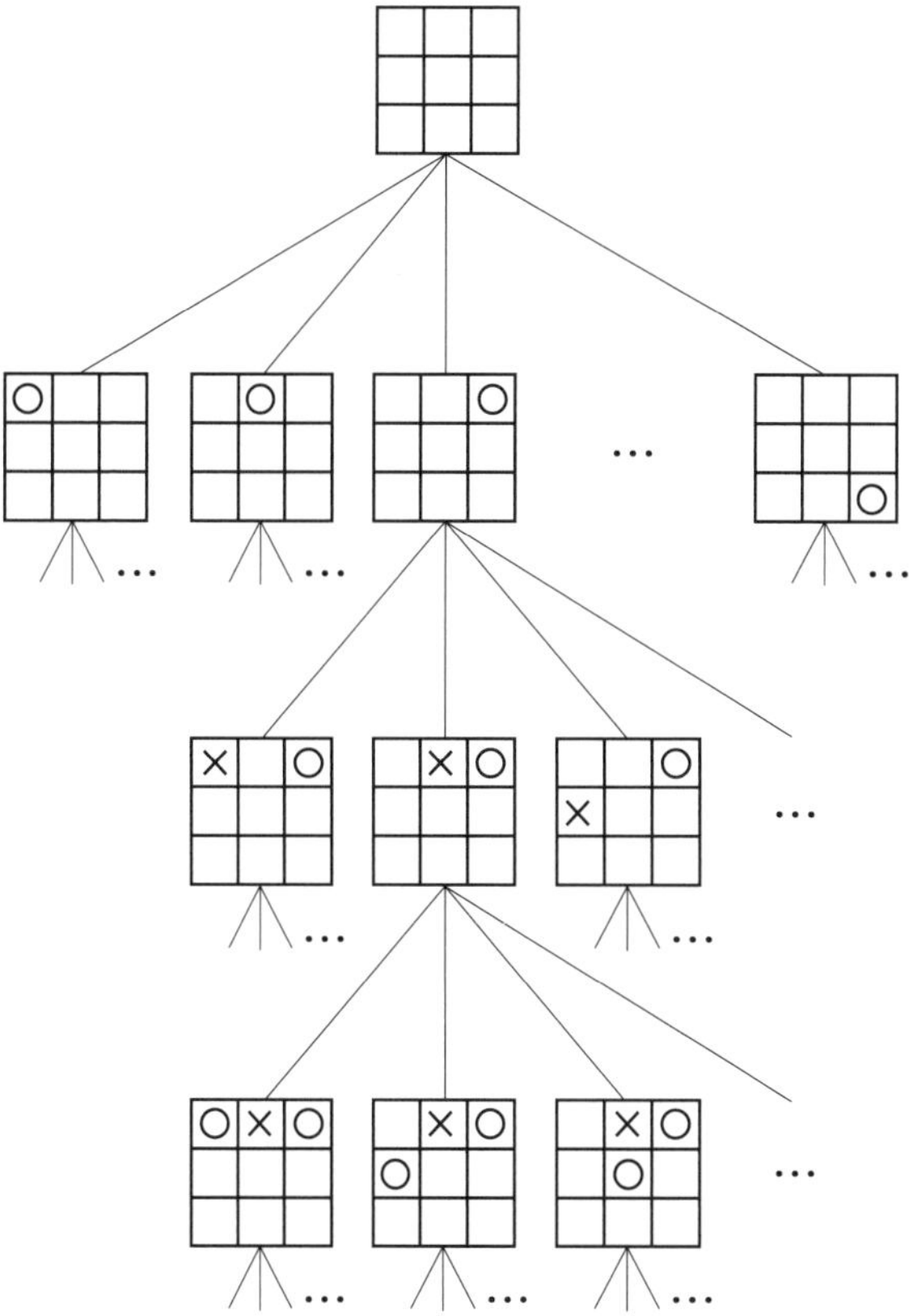

ある局面から次の局面に移る局面の分岐・変遷を、系統樹のように図式化した「ゲーム木」。図は三目並べの例

や将棋ソフトには、開発者の棋力や棋風が反映されていると言われた。実際、開発者の多くはアマの強豪だった。また、機械の性能向上とともに、より深く先を読む、探索することができるようになり、棋力は上がっていった。

さらに将棋では二〇〇五年、ボナンザというソフトが、機械学習という技術を導入し、過去の棋譜（データ）を大量に読み込ませることで、棋力を向上させることに成功した。コンピューター将棋のブレークスルーとされるこの手法は「ボナンザ・メソッド」と呼ばれ、一気に広がった。ボナンザの開発者は、将棋のルールを知っているだけ、という人だった。

こうして、いくつかのブレークスルーを経てアルゴリズムが洗練されていき、さらにコンピューターの性能が向上したことで、コンピューターはチェスや将棋を克服してきた。

「囲碁」という高い壁

予言よりも、実現の時期はだいぶ遅くなったものの、ともかく構想から半世紀近い時間を経て、チェスでコンピューターが人間の名人に勝つことができた。さらに一五年ほどたって、コンピューターはプロの将棋棋士を破った。

ところが、囲碁はなお、コンピューターにとって、とても高い壁であった。

よく知られたボードゲームの中で、囲碁は最も局面の数が多く複雑だ。さらに、囲碁の石は黒と白の二種類だけ。石にはチェスや将棋の駒と違って軽重がなく、盤面に広がる世界はより抽象的だ。囲碁の素人や初心者は、盤面を見ても、何を意味しているのかまったく理解できないだろう。また、序盤の選択肢は桁違いに多い。

こうした特性から、囲碁のタスクを解決するアルゴリズムを書くことは、とても難しいことだった。チェスや将棋でつくられる評価関数も、囲碁では適切なものをつくることは不可能だと言われていた。囲碁をテーマにしたマンガに、囲碁でコンピューターが人間に勝つには一〇〇年かかる、というセリフがある。それだけ、囲碁で機械を人間のトップと同等にプレーさせることは困難であった。

それでも、コンピューターの性能向上や、後述するモンテカルロ木探索といったブレークスルーによってコンピューター囲碁の棋力は上がっていたが、トッププロに勝利できるようになるのは、二〇一〇年の時点で少なくともあと一〇年、つまり二〇二〇年ごろだと考えられていた（実際には前述のように、アルファ碁が二〇一五年にプロ棋士に勝った）。

複雑さのみがゲームやプレーヤーの優劣を決めるわけではない。チェスでも将棋でも囲碁でも、プロになること、ましてトップに至るまでの努力や才能は、賞賛し尊敬すべきものだ。コンピューターにとってそのゲームが得手か不得手か、という問題かもしれない。

さて、コンピューターが計算なら、人間は直観である。

「計算」は「直観」に勝てるのか

冒頭で触れたように、人間がチェスや将棋、囲碁をプレーする際、「計算」を行っているわけではない。日本でコンピューター将棋を開発してきた研究者たちは、脳科学の研究者らの協力を得て、棋士がどんな能力を駆使しているのか、脳波を測ったり、MRIを使ったり、視点の動きを追ったりして迫ってきた。

そうして分かってきたのは、トッププレーヤーは盤面をパッと見るだけで、おそらく最善手であろう候補手が二、三すぐに頭に浮かぶということだ。考えているように見えるのは、最善手と思しき手が浮かんだ後、その二、三の候補手の優劣を論理的に思考しているということだった。羽生善治《はぶよしはる》氏は「最初に直観を使い二、三手に絞る。蓄積した経験と照らし合わせて、ここが中心ではないかな、急所、要点ではないかなということから、三つくらいの手を選ぶ。次に読みに入り、先を読む。三番目に大局観を使い、最初から現在までを総括し、先の戦略、方針を考える」（二〇一六年八月、札幌・北海道政経懇話会での講演）と話している。

人間は、ボードゲームの想像を超える複雑さを、ヒューリスティックを駆使して克服している。そして、こうしたヒューリスティックを実現しているのが、訓練や学習だ。チェスや将棋、囲碁の世界では、才能に恵まれた人間が、常人には真似《まね》のできない研鑽《けんさん》や努力を重ねてプロになり、そうしたプロ同士がさらにしのぎを削り合っている。

「セレンディピティー」と呼ばれる、科学者が遭遇する大発見のための小さな偶然も、偶然ではなく、その偶然に気づくための膨大な知識と経験、繰り返される思考があればこそ実現される。将棋を題材に脳を研究した理化学研究所や電気通信大などの成果によれば、素人であっても訓練を重ねることによって、プロが無意識に次の最善手を考え出すような直観的思考能力が向上することが分かっている。

ヒューリスティックを持たないコンピューターにとって、この複雑かつ抽象的で、「計算」では解決できないことを解くアルゴリズム、直観的思考能力を模倣することが「偉大な挑戦」であった。

私たちは日常生活を送っているときにも、常に直観やヒューリスティックを駆使している。何らかの選択をするとき、常に初めての状況に直面しながら、一瞬のうちに必要な情報と不要な情報を取捨選択し、危険を回避し、より効率的あるいはよりよいと考えられる行動を取り、意思決定をしている。

自動車を運転して目的地に到着することをイメージしよう。赤信号では止まる、青信号では進む、しかし青信号でも歩行者がいたら徐行して止まる……、制限速度は守る、しかし制限速度は守りつつ車線の流れに乗った方が安全だ……。路面が凍っていたらスピードを落とす、しかしいったん滑ったらアクセルを踏んでタイヤのグリップを強めた方が安全だ……。初心者ならともかく、人間はこうしたタスクを意識して行っているだろうか。無意識の直観で無数の情報を取捨選択し、目的地に到着するという大きな目標に向かって、小さな次の選択を絶えず行っているのではないか。

そしてアルファ碁は、どうもそんな直観、ヒューリスティックらしきものを獲得したらしい（第一章で詳述）。

ディープ・ラーニングで人間と並ぶ

人工知能研究が三度目のブームを迎えている。これまで二度のブームは、特定の作業をある程度こなすことはできても、もちろん汎用性はなかった。人間がやった方が効率的である、応用がきかないといった理由で世間から忘れられてしまった。

一般に人工知能と聞いてイメージされるもの――ドラえもんやアトム、スカイネットでもHAL9000でも――と、人工知能として提示される成果や製品とのギャップも大きかった。人工知能を持ったエアコンと言われても、イメージする知能とはちょっと違う。センサーによって測られた情報を、機械的に処理してルーチン通りに動いているだけ、としか思えなかった。人工知能研究はもともと、人間のような知性的振る舞いを機械で実現することが目的だったが、人間の知性が予想以上に難解で、まず個別のタスクを解決していくことから始まり、それが主流となったことも、研究と社会とのギャップが生まれた理由の一つなのだろう。

チューリングは、人間と機械が会話――音声だと機械であることが分かるので、メッセージのやりとり――をして、人間が相手を人間か機械か識別できなければ、機械は知性的であるというゲーム、チューリング・テストを考案した。二〇一四年に、英国王立協会でこのテストが行われ、ロシアのスーパーコンピューターがパスしたと言われている。ただ、研究者の間では評価が分かれている。また、チューリング・テストにパスしたからといって、知性があるかどうかは分からないという反論もある。

いずれにしても、人間のような汎用人工知能（AGI、Artifical General Intelligence）はもちろん実現していない。人間が生きる実世界は、とても複雑だ。世の中には、無限のタスクがあって、そのタスクが相互に絡み合い、影響し合っている。自然言語の翻訳といった、ルール（文法）があるようで例外が多いようなタスクも、満足のいく精度ではまだ実現していない。

では、タスクを一つ一つ切り分けて、それぞれを解決するアルゴリズムを統合すれば、どうだろう。おそらく、全体としては機能しないと考えられている。自動車を運転するというだけで、ほぼ無限のタスクに直面する。タスクを一つ一つ切り分けてアルゴリズムを実装していっても、おそらく永遠に全体のタスクを解決することはできないだろう。そもそも、解決すべきタスクを設定することが困難だ。でも、人間にはそれができている。時に失敗するし最適とは言えないにしても、おおよそ間違いなくできている。

ところが、アルファ碁に使われたディープ・ラーニング（深層学習）という技術が発展すれば、どうもこれまで不可能、あるいは不可能ではなくとも非常に困難であると考えられてきたタスクもある程度は解決できそうだ、ということが分かってきた。第三次ブームは、こんな期待感に後押しされている。その一つは、人間が機械にルールや定義を一つ一つ教えなくてもよいということ、直観やヒューリスティックをコンピューターにも獲得させることができるかもしれない、ということだ。

長くコンピューター将棋の開発に取り組み、日本の人工知能研究の先駆者の一人、公立はこだて未来大学の松原仁《まつばらひとし》教授（元・人工知能学会会長）は「アルファ碁は、（学習の段階で）計算機パワーをバリバリに使っているが、囲碁のすべてを読んでいるわけではない。直観やヒューリスティックを獲得しつつあると言っていい」と言う。

このディープ・ラーニングという技術は、もとをたどると、五〇年以上前から構想されていた。しかし、それを実現するための十分な計算能力を持つコンピューターが存在しなかった。ようやく、実現可能なコンピューターが登場したいま、ディープ・マインドという天才集団とグーグルという巨大企業が出会い、「アルファ碁」が完成し、人間を凌駕《りょうが》した。控えめに見積もっても人間と並んだ。十分な計算能力とアルゴリズムがそろえば、タスクの複雑さは機械にとって克服できるものであるということが証明された。

二〇一六年一月二五日（米国時間）、マービン・ミンスキー氏が亡くなった。八八歳だった。一九二七年八月九日、ニューヨーク市生まれ。一九五九年にマサチューセッツ工科大（ＭＩＴ）に、ジョン・マッカーシー氏とともに人工知能研究所を、一九八五年には同大メディアラボを共同設立した。前述したように、マッカーシー氏らとともに人工知能（ＡＩ）という研究分野を確立したパイオニアだった。ミンスキー氏は、インターネットの前身であるアーパネット（Arpanet）のほか、触覚センサーや光学顕微鏡を発明、ロボット工学の礎《いしずえ》を築いたとされる。一九六九年にチューリング賞を受賞している。

ニューヨーク・タイムズ紙は、氏のキャリアや業績を紹介し、こんな訃報記事を掲載した。「パソコンとインターネットの発展に寄与した、人工知能研究の先駆的な探検家。真実を求め、哲学を探求した人物」

ミンスキー氏は、人間と機械に本質的な違いはない、と考えていたらしい。人間とＡＩは対等で交換可能であり、いずれＡＩが人間の知能を凌駕すること、心や意識をデジタルに変換すること、現在でいう意識アップローディングまで構想していた。

機械の知能が人類の知能の総和を超えるという「技術的特異点」（シンギュラリティ）という

言葉を世に広めたアメリカの発明家レイ・カーツワイル氏は、ミンスキー氏の弟子だった。カーツワイル氏は現在、グーグルの人工知能研究を指揮している。

「ネイチャー」のウェブ版に「グーグルのAIが囲碁をマスターした」という論文が掲載されたのは、ミンスキー氏が亡くなった二日後の二〇一六年一月二七日だった。ただの偶然に、何か意味や因縁を感じるのが、人間かもしれない。一つのサイクルが終わって、新しいサイクルが始まる。

ボードゲーム研究の終わり

「人間対機械」という構図は、いつも世間の関心を惹《ひ》くようだ。研究者やそのゲームのファンにとどまらない。一九九七年、ロシアのガルリ・カスパロフ氏とチェス・マシンIBMの「ディープ・ブルー」、日本では将棋の渡辺明竜王《わたなべあきら》（当時）とボナンザ（二〇〇七年）、日本情報処理学会のコンピューター将棋システム「あから二〇一〇」と清水市代氏《しみずいちよ》、さらに将棋の電王戦。そして、イ・セドル九段とアルファ碁……と常に話題となってきた。

一方で、批判もある。ディープ・ブルーやアルファ碁は、企業が賞金を用意し、世間に自社の技術力を示すプロモーションでもある。たとえそれが科学の発展に必要な実験だとしても、トッププレーヤーをある種モルモットにしているのではないか、という不快感だ。

また、敗れた人間が批判にさらされることもある。二〇一三年の第二回電王戦で、棋士として初めてコンピューターに敗れた佐藤慎一《さとうしんいち》四段（当時）のブログには、心ないコメントがあふれた。アルファ碁に第三局まで三連敗したイ・セドル九段には韓国国内で、対局そのものを愚かだとののしる声が上がったという。

さらに、ルールがフェアか、という問題も残されている。コンピューターは対局相手の過去の棋譜を検討できるのに対し、人間は時々刻々バージョンアップするコンピューター対策をなかなかできない。アルファ碁も、論文が発表された当初と、イ九段との対局では、まったく別の棋風という評価がある。イ九段には、アルファ碁対策を練る余裕はなかった。電王戦ではこうした事情に配慮して、事前に棋士にソフトを提供し、以後の改変を禁じることもしている。その結果、ソフトのバグをついたいわゆる「ハメ手」で勝利した棋士の姿勢に、賛否両論が起こったこともある。

無尽蔵に電力を使用できるコンピューターに対し、体力に限りのある人間はそもそも相当なハンディを背負っている。コンピューター将棋連盟はかつて、コンピューターに消費電力制限を課すのはどうか、という提言をしている。人間の脳が消費するエネルギーを電力に換算すると、二〇〜三〇ワット時といわれている。驚くほど効率的な人間の脳だが、機械にこの程度の電力制限をかければ、おそらく当面、人間の優位が続くだろう。

また、コンピューターが人間を超えることで、ゲームの衰退を心配する向きもある。しかし、それは違うだろう。チェスは市販のパソコンソフトが、すでにトッププロと同等の強さを持っているが、いまでも人気のゲームであることに変わりはない。将棋は日本で、以前と変わらぬファンがいるし、囲碁も同様だろう。ボードゲームに限らず、コンピューターが人間を超えるのは必然だ。単純な計算はもちろん、分割されたタスクの一つ一つ、データの分類や画像処理など、コンピューターが人間をはるかに凌駕している分野がいくつもある。

敗れた棋士は、たまたま、コンピューターに負けた最初の人間となっただけだ。むしろ、リスクを承知で未知の分野に挑戦し、世界を進歩させることに貢献したのだと思う。いま六〇歳前後の、日本の人工知能研究の基盤をつくった研究者はみな若いころ、モノになるのかどうかも分からない人工知能研究は「身を滅ぼす」と止められ、「なぜ、ゲームを……」と白眼視されたという。「たかがゲーム」ではなく、「されどゲーム」である。

コンピューター将棋・囲碁の研究者や開発者の目的の一つは、トッププレーヤーの直観やヒューリスティックを機械で再現し、その謎に迫ることだった。完全情報ゲームの中で、最もコンピューターが苦手だったのが囲碁だった。囲碁以上に探索空間の広いボードゲームは存在しない。一五×一五の盤面で二九種の駒を使う「大将棋」（現在の本将棋は九×九マス、駒は八種類）なども存在するものの、人間のトッププレーヤーはおらず、コンピューターと比較した研究対象とはなりにくい。

人工知能研究がボードゲームを題材にする時代は終わりのようだ。松原仁教授は、イ・セドル九段とアルファ碁の対局後、「ボードゲームを強くする研究は終わり」と述べた。そして、この先のゲームの研究としての可能性は、相手のレベルに応じて将棋を指し、囲碁が打てる「接待将棋・囲碁」、あるいは、ツキの要素が入り込む麻雀やポーカー、コミュニケーションによって相手の嘘《うそ》を見抜く「人狼《じんろう》」など、不完全情報、不確定のゲームをコンピューターにプレーさせることを挙げている。

ツキの要素が大きいとはいえ、麻雀やポーカーが強い人間はやっぱり強い。一回、二回では弱い人間が勝つこともあるが、麻雀を一晩もやれば、やっぱり実力通りの結果に落ち着く。実際、ポーカーをするコンピューターが開発され始めているし、松原教授らは、コンピューターに小説を書かせるプロジェクトをスタートさせている。

技術と人間・社会

二〇一〇年、私は日本情報処理学会が開発したコンピューター将棋システム「あから二〇一〇」と清水市代女流王将（当時）の対局を追い、清水氏やコンピューター将棋の開発など、人工知能の冬の時代から研究を続けた研究者や、ロボットの開発者を取材した。その結果を、

『閃《ひらめ》け！　棋士に挑むコンピュータ』（難波美帆との共著、梧桐書院刊。のちに『頭脳対決！　棋士VS.コンピュータ』新潮文庫）にまとめた。とどまることのないコンピューターをはじめとしたハードウェアの進化と、アルゴリズムの洗練化が両輪となって、コンピューター将棋は勢いを増して強くなっていた時期だった。振り返ると、ボードゲームの研究は、現在よく聞くバズワード、情報探索や推論、機械学習、認知やパターン認識、ニューラル・ネットワークと深く関係していることを改めて認識した。

とはいえ当時、まだ人工知能あるいはＡＩという言葉を今ほど耳にすることはそれほどなかった。

第三次ブームとなった転機はおそらく、二〇一一年にアメリカで人気のクイズ番組で人間のチャンピオンに勝ったＩＢＭのコグニティブ・システム「ワトソン」の登場、二〇一二年に発表された「ディープ・ラーニング」の成功だろう。気がつけば、なんとなく会話のようなものができるアイフォーンのバーチャル・アシスタントSiriも手の中にいる。そして、「アルファ碁」の登場がブームを決定づけた。

ビッグデータがあれば、機械が自ら学習し、ボードゲームだけではなく、あらゆる分野で人間を超える知性的振る舞いを実現できるかもしれない。人工知能は毎日のようにニュースで取り上げられ、巨大ＩＴ企業をはじめ、異分野の大手企業、ベンチャー企業、政府、軍事機関が巨額の資金を人工知能の研究に投資し始めた。

コンピューター科学もロボット工学も、研究者の予測をも上回るスピードで進化している。一九四九年のシャノンの論文からおよそ五〇年後の一九九七年に、ＩＢＭディープ・ブルーがチェスの世界チャンピオンに勝った。その一六年後、二〇一三年にはコンピューターが将棋棋士を破り、そこからわずか二年後の二〇一五年、「アルファ碁」が登場した。この加速度的な進化はなんだろうか。さらに、人工知能は、これまでのインターネットに加え、モノをつなぐインターネット「ＩｏＴ」（Internet of Things）の発展やデバイス（パソコン、スマートフォン、タブレットなどの端末のほか、インターネットにつなぐ家電や装置など）の普及などと相互に影響し合い、さらに複雑に進化し枠組みを広げている。そうして実現するのは、どんな社会だろうか。

広くＩＴ技術をとらえて、ある研究者やジャーナリストは真剣に機械知能の脅威、ターミネーター化の危険を説き、また生産性と効率性が極限まで向上し労働がほぼ不要となるユートピアを期待する研究者もいる。

ただ、予測は予測で、まだ分からない。サイモンのような天才でも、チェスでコンピューターが人間を上回るスピードを見誤った。何も起こらないかもしれないし、変化する環境に身を置いていると、なかなか変化には気づかない。一〇年ほど前、最初のアイフォーンが登場した二〇〇七年六月まで、だれもスマートフォンなど想像していなかった。スマートフォンがこれほど普及した現在、だれもこのことをすごいとも不思議だとも思わない。

現在のコンセンサスでは、二〇三〇年ごろには、AGI（汎用人工知能）、人間のように学習し認知し判断できる機械が実現するだろうと予測されている。さらに、二〇四五年には機械の知能が全人類の知能の総和を上回るだろうとされるシンギュラリティも真剣に取り上げられるようになった。

三度目のブームは、どこまで人工知能を成長させるのだろうか。節目を迎えた人工知能研究について、松原教授はこんなふうに総括した。

「ディープ・ラーニングはともかく、音声認識や推薦（レコメンド）システム、乗り換え支援、自動運転など世の中でAIが使われるようになりつつある。これまでのブームとは違い、AIが定着してくれるものと期待している。シンギュラリティはいきなり来るのではなく、少しずつ人間＋AIという枠組みで、AIの果たす役割が増していくと思う。一方で、ブームが過熱気味なのも心配。その意味で、アルファ碁がイ・セドル九段に一敗してくれたのはよかったと思っている」

人間の知性や知能が何なのか、定義されているわけではない。さまざまな論がある。ここからは、一部でも人間の知性的活動を代替できる機械を知能機械、知能機械の知性的な振る舞いを機械知能と総称したい。私は研究者ではなくジャーナリストなので、人間や社会と技術との関係、技術によって変わる人間や社会のことも考えたいと思っている。

節目を迎えた人工知能研究や社会が向かう先に、どんな未来があるのだろう。まず、機械知能の根幹をなすディープ・ラーニングの技術進展から話を進めたい。

第一章　ディープ・ラーニングで直観を獲得した機械知能

ディープ・ラーニングという技術がすごいらしい。あと一〇年はトップ棋士に勝てないとも言われていたのに、ディープ・ラーニングを使ったコンピューターがトップ棋士に勝った。自力で学習する汎用人工知能（ＡＧＩ）も実現するかもしれない——。

二〇一六年は、普段は人工知能を扱わない一般メディアも巻き込んだ、人工知能ブームとなった。なぜ、これほど話題になるのか。そもそも、ディープ・ラーニングとは何なのだろうか。

グーグルのネコ

人工知能研究のたとえ話として、しばしば引き合いに出されるリンゴのケースを考えよう。「リンゴを定義しなさい」と言われて、どう答えるだろうか。まず赤い色をしている。青リンゴと呼ばれるものがあるが、実際は薄い緑色だ。そして手のひらにのるような大きさでヘタがついていて、重さは数十グラム。企業のロゴマークに使われることもある。多くの人は皮をむいて食べるが、皮がついたまま食べる人もいる。味は甘酸っぱく、日がたつとボケた感じになり、栄養素は……ときりがない。

こうした特徴を一つ一つ定義して、コンピューターにプログラムしていくとする。しかし、定義の数は膨大で、膨大な定義は管理が難しくなる。自然にあるモノには例外が多く、膨大な定義があっても、そこから一つでも外れたモノは、リンゴと認識できなくなってしまう。リンゴを完全に定義することも、そうしたルールからリンゴを認識することも事実上、不可能だろう。

しかし、人間は不思議とリンゴを見て食べて触るようなわずかな経験から、それがリンゴであると教えられると、色や大きさや形が変わっても、デフォルメされてロゴマークになっても、やはりリンゴと認識できる。

なぜだろうか、考えるときりがない。なぜ、私はリンゴをリンゴと認識できているのだろうか。では、ネコだとどうだろう。やはり、定義していくのは、リンゴと同じくきりがない。でも、人間はネコをネコと認識できている。リンゴやネコには（それに限らないが）、人間がそうと認識する特徴やパターンがあるのだろう。

二〇一六年六月、グーグルは「コンピューターがネコを認識した」と発表した。人間の脳を簡易に模倣したネットワーク（人工ニューラル・ネットワーク）をつくり、インターネットにつなげた。動画サイトのユーチューブから切り出された200×200ピクセルの雑多な一〇〇〇万の画像を「見て」、なんらかの対象を認識できるか調べるというテストを行った。テストを一週間続けた結果、人工ニューラル・ネットワークは、ネコとは何かを教えられることなく、ネコとはどんなものか学習し、ネコの画像に反応するようになった。ネコ以外にも、人の顔もそれと学習し、反応するようになったという。

グーグルのオフィシャルブログに掲載された「大規模な脳のシミュレーションを使った機械学習とＡＩ」という記事に添付されたネコの写真がその後、「グーグルのネコ」と呼ばれることになった。

この発表は驚くべきものだった。十分なハードウェアと適切なアルゴリズム、そしてビッグデータがあれば、コンピューターも自動的に複雑で分類の難しいデータから何らかの特徴を抽出し、何かを認識する概念のようなもの――ただし、人間と同様の認識、概念と言えるかは別問題――を持てるということを実証したからだ。その後、このネコを認識した技術「ディープ・ラーニング」（深層学習）は、一般にも使われるバズワードとなった。

東京大学大学院工学系研究科の松尾豊《まつおゆたか》准教授は、ディープ・ラーニングを「五〇年来のブレークスルー」と表現する。というのも、効率的に行う手法は進んだものの、定義やルールはそれまで、基本的に人間がコンピューターに教えていた。コンピューターにあらゆるパターンや特徴を認識させるためには、人間があらゆるパターンや特徴をプログラムしなければならず、それは不可能なことだった。

プログラムされていないことは認識できないし、もちろん行動もできないことは、フレーム問題として知られている。しかし、コンピューターが大量のデータを解析して特徴を自動的に抽出してくれれば、人間がすべてをプログラムしなくてもよくなる。また、リンゴという概念と実体としてのリンゴを一致させることを記号接地問題といって、フレーム問題と合わせて長く人工知能研究の課題だった。

大きくこの二つの問題が解決できないため、人工知能は過去二度のブームを迎えたものの、結局は実世界で「役に立たない」「ゲームをプレーさせること程度しかできない」と、世間から忘れられる冬の時代に逆戻りしていった。ディープ・ラーニングによって、表現や特徴を自動的に学習できる可能性があるということは、この二つの問題、人工知能の難題を解決できるかもしれない、ということだ。

公立はこだて未来大学の松原仁教授も、人間のように認知し振る舞うＡＩ――汎用人工知能（ＡＧＩ）と呼ばれる――の実現にはまだほかのブレークスルーが必要で「現時点の可能性」と前置きした上で、「ディープ・ラーニングは、ＡＩの大きな問題を解決できる可能性がある」とみている。

脳を模倣する

ところで、リンゴやネコを認識する、もっと複雑で抽象的な概念を考え理解し、将来を予測する、こんな機能を実現する脳の仕組みは、古代から人間の興味を惹《ひ》くものだった。

古く紀元前五世紀から前四世紀の古代ギリシアの医師ヒポクラテスは、脳と行動に関係があることに気づいていたという。二世紀のギリシア人医師ガレノスは動物実験により、脳に精神の働きを担う機能があることを明らかにした。一方で哲学者も思索することによって、人間や脳とは何かを考え続けてきた。一七世紀イギリスのトーマス・ホッブズは、「すべての自動機械（時計のようにぜんまいと歯車で自動的に動く機械装置）は、人工的生命をもつといってならない道理があろうか。（略）技術は、さらに進んで、自然のうちで、理性的でもっともすぐれた作品、すなわち人間をも模倣するに至る」（『リヴァイアサン』水田洋・田中浩訳、河出書房新社）と考え、人間も複雑な構造を持った機械にすぎないと喝破した。

さらに、人体を傷つけることなく脳の動きを観察することができる測定器が発達した近年、脳を生物学的に研究する試みが急速に発展した。

そうしてわかってきた人間の脳の仕組みをごくごく簡略化して捉《とら》えるとこうなる。

人間の脳は一〇〇〇億個の神経細胞（ニューロン）――ただし、これはだれかが精確に数えたわけではない――でできている。ニューロンはソーマと呼ばれる細胞体と、信号の入力部である樹状突起、出力部である軸索でできていて、情報処理と情報伝達を担っている。ニューロンそれぞれの軸索と樹状突起がシナプスという結節ポイントをつくり、神経伝達物質や電気信号をやりとりすることで、ニューロン同士がつながった複雑なネットワークをつくっている。一個のニューロンはほかのニューロンと数千から数百万の接続ポイントでつながっていて、このニューロン同士の接続は全体で一〇〇兆個とも言われている——これも、だれかが精確に数えたわけではないが——。

人間や動物には、肉体や感覚器官を通じて外部から信号が入力される。この信号には、興奮性（プラス）のものと抑制性（マイナス）のものがある。ニューロンには約五〇種類があって、信号を受け取ったニューロンは、興奮と抑制の信号の合計の強さが、それぞれに定められた一定の値（閾値《いきち》、境界値）を超えると「発火」（スパイク）し、他のニューロンに信号を出力するようになる。

人間や動物は成長する過程で、また外部からの信号の入力、つまり経験や学習を通じて軸索や樹状突起を伸ばし新しいネットワークをつくり、不要なネットワークを捨てていく。また、神経細胞はいったん死ぬと再生できないと考えられていたが近年、再生するケースもあることが分かってきた。

ニューロンがつくるネットワークは極めて複雑だが、ニューロンそれぞれに知性や知能と呼ばれるような機能があるわけではない。しかし、ネットワーク全体のつながりや強度（コネクトーム）が、人間の脳の機能を実現していると考えられている。コネクトームをすべて解き明かそうというプロジェクトがいくつも進んでいる。

この一連の挙動をごくごく簡易にして、ソフトウェアで実現したのが、人工ニューラル・ネットワークというアルゴリズムだ。

簡易なニューラル・ネットワークは、入力と出力が一層しかない。入力と出力の間にいくつもの隠れ層を入れたのがディープ・ラーニングと呼ばれる技術だが、どういう仕組みなのか、「雨傘問題の決定木」を考えると理解しやすい。

決定木とは、スタートから質問に［YES］［NO］で答え、矢印に従って進んでいくと「あなたに向いている商品はこれ」といったゴール（出力）にたどり着くようなチャートだ。

単純な決定木で雨傘問題を検討してみる。

この決定木の各質問をニューロンに置き換える。［YES］を1、［NO］を0として次のニューロン（質問）に出力し、最終的な出力が1なら傘を持っていくことにする。ニューロンそれぞれに適切な閾値・境界値（パラメータ）を設定されると、雨は降っていないが湿度が高く曇っている場合には傘を持っていく、雨は降っておらず曇っているが湿度は低い場合には傘を持っていかない、という結果を導くことができる（次ページの図）。

このような決定木を大規模・複雑にして、パラメータを細かく設定し、入力して出力し、その出力を入力して……と何層にも重ねて関数をつくると、モノの特徴を抽出できるようになる。これが、脳を模したニューラル・ネットワークのディープ・ラーニングという技術だ。CPUやGPU（画像処理などを行うための高性能半導体）の接続の強さや、パラメータの設定、さらに

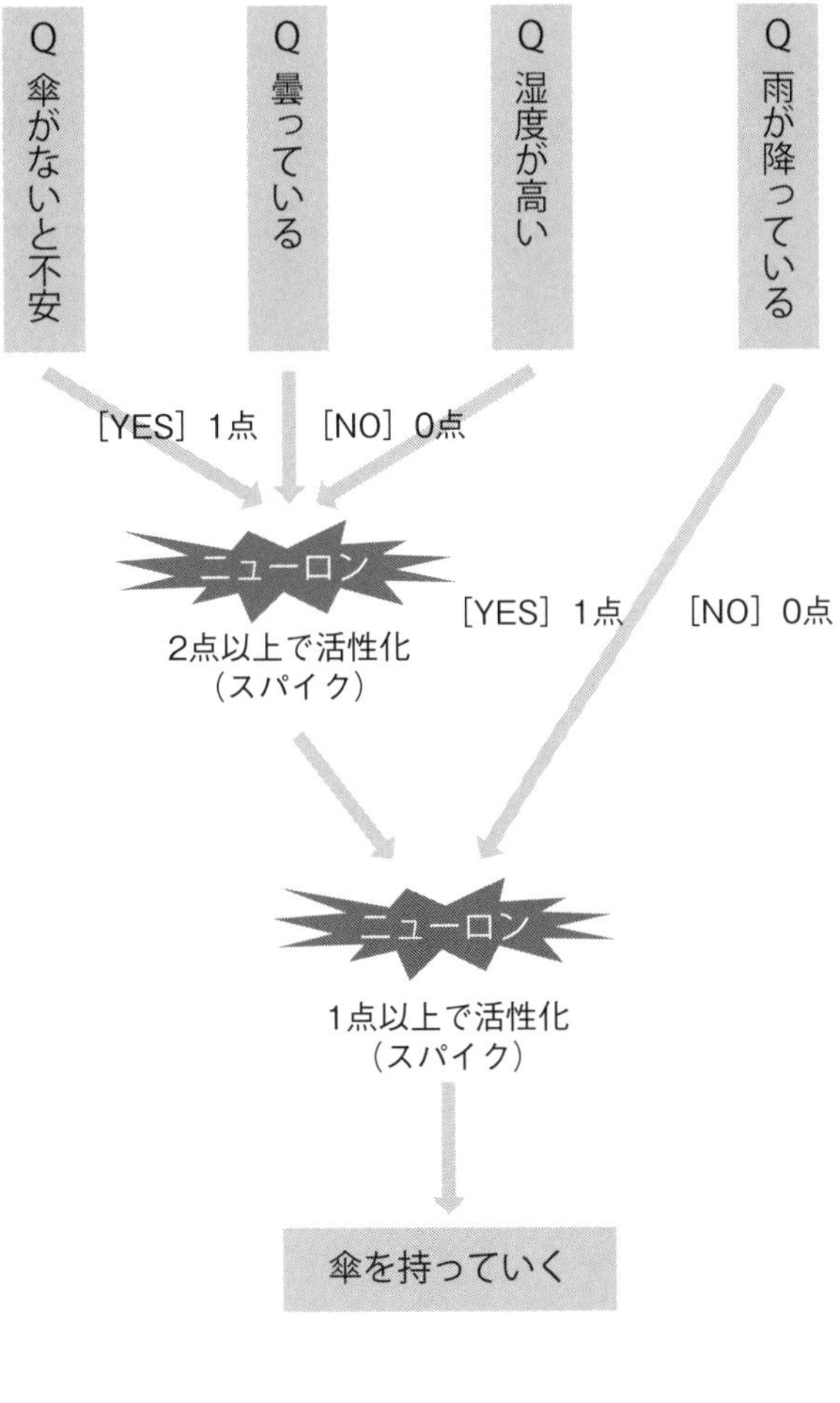

雨が降っていれば、ニューロンが活性化し「傘を持っていく」という判断に。湿度、雲、心理状態の三つのクエスチョンのうち二つ以上が当てはまれば、ニューロンが活性化し次のニューロンに情報を伝達し、「傘を持っていく」という判断になる

ネットワーク（決定木）全体をコンピューターが自動的につくることができるといい、ネコを認識したグーグルのシステムには、ニューロンにあたるCPUが一万六〇〇〇個、シナプスにあたる結節ポイントが一〇億ヵ所あるという。

このディープ・ラーニングという技術は、機械学習と呼ばれる技術の一つで、実は五〇年以上も前、電子コンピューターの草創期から構想されていた。しかし、おもにコンピューターの性能が十分ではなかったこと、学習させるための十分なデータがなかったことで、実用化には至らなかった。

ビッグデータと機械学習

ここまで何度が出てきた「ビッグデータ」だが、近年、この言葉をしばしば見聞きするようになった。人工知能が「計算」するには欠かせないものであり、これがあることで人間にできないこと、すなわち「機械学習」を可能にする。ビッグデータとは、明確な定義はないが一般に、SNSの書き込みや世界中のウェブページといった膨大な量のデータ、さらには気象などの科学分野におけるデータなど、個人ユースのコンピューターでは処理しきれない巨大で複雑なデータを指している。

「3、6、9、12、X、Y、Z」と示されて、「X、Y、Zに何が入るか」という問いがあったとする。多くの人は、３の倍数が連続していると考えて「Xは15、Yは18……」と答えられるだろう。こんな単純なケースで特徴やパターンを見付けるのは簡単だ。しかし、世の中のデータはもっと複雑だ。そこで人間は、「直観」や「ヒューリスティック」あるいは経験則を使って、特徴やパターンを認識し、未知の将来を予測している。一方で、人間には難しいこともある。

たとえば、商品の売れ行き、道路の渋滞の特徴やパターンの抽出、相関関係の把握は人間には難しいが、ビッグデータがあればコンピューターを使って容易に実現できる。

もっと進めよう。人間が使う自然言語は、整えられた数字よりも複雑だ。

ヤフーといったポータルや新聞社などのニュース・サイトで、記事の末尾に「関連記事・ニュース」というようなリンクがついている。単純なユーザー・サービスという理由以外に、サイト内での回遊・滞在時間を長くしたいというサービス提供者の要求もあって、こうしたリンクが貼られている。このリンクは、おおむねコンピューターが記事にあるキーワードをもとに記事を分類し、自動的に作成している（人力で行うこともある）。

当初は押し付けがましいとの批判もあった通販サイトのオススメ（レコメンデーション）機能も同様だ。ユーザーの過去の閲覧・購買履歴から、興味を持たれそうな商品が自動的に表示される。株や為替取引の世界では、個人ユースの将来価格予想ツールが提供されている。まったく人の手を介さずに自動売買（アルゴリズム取引）してくれるソフトもある――これで利益を出せるかどうかは別問題だが――。高画質の映像を放送するとき、動画などサイズの大きなファイルを送受信するとき、画質を落とさずにファイルサイズを圧縮する技術も、意識はされないが一般に使われている。

研究者や技術者によって、言葉の使い方や表記に異なることもあるが、これらの機能をコンピューターで実現する人工知能研究の一分野が「機械学習」とよばれる技術だ。統計の手法によってコンピューターにデータの分類を自動的に行わせ、そこから何らかの知識やルール、パターンを読み取り、人間には見えない関係や特徴、因果関係を「見える可」する。モデルをつくって、さらに将来を論理的に推論する。最近では、データ・マイニングやビッグデータ解析の分野でも使われている。研究者や文脈によっても使われ方が異なることがあるようだ。

もともと機械学習は、人工知能研究の始まりのころから研究されてきた技術だ。コンピューターがデータから学習して自動的に出力できる仕組みを目指してきた。統計的手法を使った機械学習がビジネス分野や、遺伝子やタンパク質を分析する医療や化学分野で成功し、普及するようになった。古くは小売業のＰＯＳ（売り上げ）データを配送やマーケティングに役立てようという要求があったし、二〇〇〇年ごろからはブログやＳＮＳの登場と普及で、無数の人々が無数のテキストや写真、動画をウェブに提供しはじめた。これら人間には解析不能なビッグデータを、ユーザーの利便性を向上させ、あるいは何かの役に立てることはできないかという要求も発展の原動力になった。

これまで触れた例のように、機械学習の用途は大きく五つに分類される。①データをグループに分ける「クラスタリング」、②迷惑メールを振り分けるフィルタ機能や画像に適切なタグ・キャプションをつけることに使われる「クラス分類」、③履歴から将来の情報を推測する「レコメンデーション」、④過去のデータから未知の数字を予測し、売り上げや株価の予測に使われる「回帰」、そして、⑤「情報圧縮」は、相関関係のあるデータがある場合、一方のデータを削除してデータ量を少なくするなどの技術に使われる。

機械学習はさらに、「教師あり」と「教師なし」に大別される。「教師あり」では、入力と出力が対応した教師データを与え、そこから出力に合った特徴を抽出させるようにする。ネコの画像を入力したら「ネコ」というテキストを返すように訓練――入力を変換し出力にする関数を調整――する。「教師なし」では訓練データはなく、設定された基準に最適な出力ができるようにモデルをつくる。どちらが優れているというものではなく、目的によって使い分けられる。「教師なし」が利用される代表例はクラスタリングで、たとえばテキストを分類するようなときに使われる。

コンピューター将棋のブレークスルーと言われるソフト「ボナンザ」は、機械学習の技術を使い、江戸時代からのものも含め膨大な棋譜データをもとに、熟練者の指し手を手本にしてコンピューターが次の一手を決める評価関数をつくった。

それまでの機械学習では、人間が特徴を設計——たとえばリンゴやネコを定義する——しコンピューターに教えなければならず、適切な特徴を設計することは難しかった。

機械学習では、整理された少数のデータより、雑多でも大量のデータの方が有効と言われている。グーグルのネコも、ユーチューブには猫の画像が多かったため、ネコにある特徴を、ニューラル・ネットワークが自動的に抽出した可能性があるという。

さらに、「強化学習」と呼ばれる手法がある。なにかの「報酬」を明示して、それに向かうように試行錯誤を繰り返して正解を学習する。後述するディープ・マインドのビデオゲームやアルファ碁は、ディープ・ラーニングとこの強化学習を組み合わせてできている。

源流は一九五八年

ディープ・ラーニングという技術はもちろん、二〇一六年になって突然に登場したわけではない。その源流は、一九五八年にアメリカの心理学者フランク・ローゼンブラットが開発した「パーセプトロン学習規則」というアルゴリズムにさかのぼる。

パーセプトロンは入力層と出力層だけの単純な設計で、学習や予測ができた。しかし、単純な問題しか扱えず、忘れられることになった。その後、入力層と出力層の間に「隠れ層」というものを入れるとより難しい課題を解決できることがわかった。さらに改良が重ねられ、一九八〇年代に第二次ブームを迎えた。

しかし、十分なデータがまだなく、そのため学習がうまくできず、結果的には研究は下火になった。ビッグデータがなかったこと、コンピューターの性能が現在に比べればかなり非力であったことからすれば、無理もないことだ。

大量のデータがそろい、コンピューターが十分な計算性能を得た二〇〇〇年代半ば、パーセプトロンは現実味をおびてくる。「ディープ・ラーニング」という言葉が使われ始めたのもこのころだ。カナダのトロント大学のジェフリー・ヒントン教授が、二〇〇六年の論文で、層が深いニューラル・ネットワークをディープ・ネットワークと呼び、また、グーグルの研究者（当時。現在は中国の百度《バイドゥ》）のアンドリュー・ング氏が二〇〇七年、「高次元データの階層的な表現の学習」という論文でディープ・ラーニングという言葉を使っている。

ディープ・ラーニングが一般に認知されたのは二〇一二年。「ＩＬＳＶＲＣ（ImageNet Large Scale Visual Recognition Challenge）」という画像認識のコンテストで、前述したヒントン教授らのグループが開発した「Super Vision」が、一年前の優勝記録の誤り率二五・七パーセントから一五・三パーセントへと四割も削減し圧勝したことだった。ＩＬＳＶＲＣは、一〇〇〇万枚の画像データを機械学習で取り込み、一五万枚の画像に適切なタグを付けられるか競うコンテスト。東大のチームなども出場したが、Super Vision 以外のエラー率は二六パーセント台だった。ＩＬＳＶＲＣではさらにその後の二〇一四年、初出場したグーグルのチームがエラー率を六・七パーセントと、前年優勝記録の半分に抑えて優勝した。この「GoogLeNet」の層は二二にも及ぶという。

チェス↓将棋↓囲碁の順になった理由

ビッグデータによって特に画像認識で威力を発揮するディープ・ラーニングが、どのようにボードゲームに応用されるのだろうか。

序章で触れたように、ボードゲームの局面の数は、オセロ一〇の六〇乗、チェス一〇の一二〇乗、将棋一〇の二二四乗、囲碁一〇の三六〇乗と推測されている。いくら計算が得意なコンピューターであっても、将来にわたってこれらボードゲームのすべての局面を探索することは不可能であるとみられている。

一般的に、ボードゲームのソフトは、ある局面から次の局面に変遷する分岐を、ゲーム木を使って探索し、それぞれの局面の有利不利を評価する評価関数をつくる。最善手である可能性の低い枝を排除し探索の効率を上げ、自分が最も有利になる局面、相手が最も不利になる局面に向かうような手を選択する。ただし、それでもゲームの終わりまでの局面をすべて探索できるわけではないので、最善手と思われた手が、探索していない先の局面で実は悪手であった、というケースも起こりうる。

ボードゲームを機械にプレーさせるときの難しさは、主に次の三つの要因に左右される。

①ゲームが終わるまで何手かかるか――探索木の深さ

②一つの局面で可能な指し手・打ち手、局面の分岐・パターンはどれくらいあるか――探索木の広さ

③局面をどう評価するか――評価関数をつくる難易度

研究者や技術者は、より強いソフトをつくるため、さまざまな手法やアイデアを考えてきた。単独では非力なコンピューターを並列につなげて処理能力を向上させたり、不要なゲーム木の枝を効率よく排除したり、あるいは評価関数の作成にトッププロの手を参考にする、といったことだ。

一般的なボードゲームの中で、①の局面の多さでは囲碁が最大である。ゲームが終わるまでの手の数はチェスが約八〇手、将棋が約一二〇手、囲碁が二〇〇手程度である。ではチェスと

将棋はどうか。

機械にとっては将棋がチェスより難しかった。その理由は、①探索木の深さに加えて、②探索木の広さ――局面の分岐の数の問題があった。

チェスが平均三五程度なのに対し、将棋は平均で八〇。将棋には持ち駒ルールがあるため終盤には一〇〇～一二〇、最大で五九三にもなると考えられている。平均で比較したが、実は平均にはあまり意味がない。将棋の場合、初手の分岐は三〇手で以後ゲームが中盤、終盤と進むにつれ分岐の数が増えていく。序盤と終盤の分岐の数は極端に違うからだ。ゲームの進行とともに分岐のパターンが減っていくチェスは、詰めに至る終盤のデータベースをつくり、局面と照合・比較することが有効だった。しかし、将棋では通用しなかった。

コンピューターにとっての難しさ

囲碁は一九×一九の盤面で、黒と白の石を縦と横の交点に交互に打ち合っていく。相手の石は、周囲の交点四ヵ所を囲えば取ることができる（相手の石が一つの場合。二つなら六ヵ所）。最終的により多くの陣地を取ることを目指すゲームだ。石で囲った「地《じ》」が陣地であり、陣地は「目《もく》」という単位で数えられる。碁盤の四つの「辺」は石を置かなくても陣地の境界線とみなされる。相手に取られる場所に石は打てず、勝負に決着がついてどちらかが投了したとき、あるいは、パスが続いて互いに打つところがなくなればゲームは終わり。より多くの「目」を取った方が勝ちだ。もちろん、細かなルールがいくつもある。先手の黒が有利であることが経験的に分かっていて「コミ」というハンディをつけることもある。

棋士は頭脳アスリートとも呼ばれ、頭脳スポーツとしてアジア大会で採用されたこともある。アジアだけでなく欧州などでも行われている。

コンピューターに囲碁をさせるとき、上述したように探索空間が深くて広いことに加え、さらに③評価関数をつくることが難しいという問題があった。

チェスや将棋では、「クイーン」「ビショップ」「ポーン」、あるいは「金」「銀」「歩」など駒の強さや位置、効き具合、「キング」「玉」の守りといった要素を数値化し、要素の集積や関係によって局面を判断できる。開発は職人芸の世界であり、将棋ソフトには開発者の棋風が反映されるといわれたゆえんだ。

開発者が手作業で行っていたとき、評価関数に反映できる指標は数百、ボナンザが機械学習に成功して数十万と増えてきた。しかし、人間の判断すべてを評価関数に加工できるわけではない。「激指《げきさし》」という強くて有名な将棋ソフト開発者の一人、東京大学の鶴岡慶雅《つるおかよしまさ》准教授はかつて、「人間のパターン認識的な判断能力をプログラムの形で表現するのは非常に難しく、プログラムで記述できているのはそれの非常に大ざっぱな近似にすぎない」と述べている。

囲碁の場合、黒白の石にはチェスや将棋の駒とは違って機能の違いも強さ弱さもない。石は盤上でつながり、かたまりをつくって意味を持ち始める。日本語に慣用句として定着している「捨て石」「布石」のように、短期的には損でも無意味でも、長期的には得になり意味を持つことも多い——もちろんこれはチェス、将棋にも言える——。さらに、勝敗を決める陣地が確定するのはゲームが終わった段階である。また、四隅が有利なオセロのように、一九×一九の広い盤面に、特徴のある場所がない。

人間のエキスパートは盤面全体のぱっと見で、直観やヒューリスティックを駆使し、石やそのつながりなどを「厚い薄い」とか「味が良い悪い」「重い軽い」と評価する。しかし、これは、あまりに抽象的、感覚的で、人間でも上級者でないと実感として理解できない。こうした概念を数式にして評価関数をつくることは、チェスや将棋に比べても非常に困難だった。

コンピューター囲碁に関する論文は一九六二年、アメリカのレムスによる「Simulation of Learning Machine for Playing Go」が最初であるという。一九六九年には最初の囲碁ソフト「Zobrist」というのが登場している。日本では、一九八一年に通産省工業技術院電子技術総合研究所（現在の産業技術総合研究所）の研究グループが発表した二本の論文が最初で、一九八〇年代後半には、市販のソフトが登場し始めた。

つくることが難しいとされた評価関数は、研究者や技術者が苦心し、石のつながりや石の安全度を評価したり、特徴的なパターンをデータベースと照合するなどしたりして、コンピューター囲碁は、徐々に力を付けていった。それでもプロはもちろん、アマ上級者にも及ばないとされてきた。

「モンテカルロ木探索」と「多腕バンディット問題」

コンピューター囲碁の転機は二〇〇六年、「モンテカルロ木探索」（MCTS、Monte-Calro Tree Search）というアルゴリズムの登場だった。モンテカルロ法（ランダム法）というのは、乱数を使ってシミュレーションする方法で、ジョン・フォン・ノイマンが、カジノのあるモナコの地名から名付けた。このアルゴリズムを使った「Crazy Stone」というソフト（フランスのレミ・クーロン氏が開発）が、同年の九路盤での世界大会、コンピューター・オリンピアードで優勝。これを機にほかの開発者も採用しはじめ、棋力が急激に向上した。二〇〇八年にはエキシビションの九路盤、三局の対戦で、モンテカルロ木探索を使った「MoGo」というソフトが、五段のプロに一勝して話題になった。

モンテカルロ木探索は、それまでの人間の思考を模倣する手法から一八〇度転換させたアルゴリズムだ。ある局面からランダムに終局までの局面をいくつもシミュレーションし（プレーアウト）、勝率の高い手を選んでいくという方法だ。

実はモンテカルロ法を使った囲碁ソフト自体は一九九三年に登場していたが、その当時は、あまり強くはなかった。というのも、当初の原始モンテカルロ法は、チェス・囲碁ソフトで必須の評価関数はつくらず、合法手の中からランダムに手を選び、プレーアウトをできるだけ多く実施し、勝率の高い手を選ぶだけの、いわば行き当たりばったりの戦法だったからだ。この方法では最善手、よりよい手を選択できているわけではない。そのため、相手がより良い手を打つと形成不利になるし、正解（最善手）が少ない場面ではミスの可能性が高く、相手のミスを期待する手を打ちやすい傾向があったという。

こんな無骨な戦法を、スマートな戦略的戦法にバージョンアップさせた理論が「多腕（Multi-Armed）バンディット問題」というジレンマの解決方法だった。多腕の対語の「One-Armed」はカジノにあるスロット・マシンを指すスラングで、バンディットは山賊とか悪党の意味だ。

たとえば、当たり確率の違うスロット・マシンが五台あり、五〇〇枚のコインを持っている。最も当たりが期待できるマシンを探し当て、最大のリターンを得る方法はあるだろうか、というタスクをどう解決するだろうか。

最も単純な方法であれば、すべてのマシンにそれぞれ一〇〇枚ずつ賭《か》けて結果から平均を見れば――確率通りに結果が収束するかどうかは別として――最も当たりが多いマシンを推定することができる。でも、これでは効率がよくないし、利益を最大化できそうにもない。これが原始モンテカルロ法だ。ここでＵＣＢ（Upper Confidence Bound、信頼上限）という戦略を導入する。一般にはなかなか理解が大変な数式を使うのだが、試行回数が多いのに結果が悪いマシンは実際に当たり確率が低そうなのであきらめ、結果が悪くても試行回数が少ないマシンはより期待できる、と考える方法だ。

そうして、これをゲーム木探索に応用した「ＵＣＴ（UCB applied Trees）」というアルゴリズムが考案された。ＵＣＢによって期待できる候補手を優先して探索していくと、探索する数が増えるほど、期待値（スロットマシンで言えば、リターンの大きさ）に収束していくという。このＵＣＴを使ったのが、前述した九路盤でプロに一勝したMoGoだった。ＵＣＴの考え方は現在、クリック数を最大化するためのウェブ広告の出稿などでも応用されている。

MoGoは九路盤でプロに勝つことができた。九路盤は局面の数が小さいため、一九路盤ほど探索を効率化しなくても、それなりに強くなれた。しかし、一九路盤では局面の数が爆発的に増えるため、モンテカルロ木探索の登場以降、探索を効率化することがコンピューター囲碁を強くするための課題となった。

そのために棋譜データベースを使い、機械学習の手法で強い人間の棋譜から学ぶ評価関数を取り入れ、プレーアウトする手を選ぶ枝刈りの導入などで、探索を効率化していった。また、囲碁で「利き」と呼ばれる、打てば利益を得られる相手の弱点を発見し、適切なタイミングで打つような手法も考案された。モンテカルロ木探索では、プレーアウトの回数が増えるほど棋力が上がるから、探索の強化にはコンピューター性能の向上や、コンピューターを並列化する技術の上昇も大きかった。

日本では、二〇一三年から、電気通信大学でプロ棋士とコンピューター囲碁の対局である電聖戦というイベントが行われている。二〇一五年の第三回で、「Dolbaram」という韓国人研究者が開発したソフトが、七大タイトルすべて獲得した歴代最強棋士の一人、趙治勲《ちょうちくん》に四子局（先に石を四つ置くことができるハンディ）で勝利している。とはいえ、ハンディなしの互先《たがいせん》でコンピューター囲碁が人間のトップに勝つには、少なくともあと一〇年はかかると考えられていた。

囲碁はランダムにでも石を打っていけば、どこかで「合理的にプレイアウト」するから、モンテカルロ木探索は有効だ。一方、将棋やチェスはランダムに手を進めると、駒が行き来を繰り返すこともあって合理的に終局することはない。そのため、モンテカルロ木探索はチェス、将棋には向かないという。

また、モンテカルロ木探索にも当然、弱点がある。自分の石で囲った交点を「眼」と呼ぶ。眼が二つ以上ある石の一団は、絶対に取られることはなく「活き石」と言う。逆に、眼が一つしかない一団は、最終的に相手に取られてしまい「死に石」という。詰め碁で言う「死活問題」は、日本語の慣用句の語源だ。

モンテカルロ木探索では、石の死活を正確に読み取らなければならず、最善手が絞られるような局面では、確率的に最善手を選べない。また、お互いが石を取り合える状況で、無限反復になる形「コウ」（ルール上無限反復は禁止されているので、打ち手を制限するルールがある）が、一ヵ所に二つできるような「両コウ」があるなど、複雑で難解な局面では適切な手を選べないという。

こうした弱点は、アルファ碁がイ・セドル九段に唯一敗れた第四局の理由の一つとも考えられる。実は、電気通信大学の伊藤毅志《いとうたけし》助教が事前に予測していた非常に興味深い点だが、その前にアルファ碁の仕組みを見てみよう。

アルファ碁の「直観」

ボードゲームはこれまで、人間の思考を真似《まね》することで強くする方法が探られてきた。評価関数は人間の思考の近似であり、実際にその手法で着実に強くなってきた。しかし、どこかで壁に当たり、なかなかプロに敵《かな》うほどには至らなかった。一方で、人間の思考方法から見ると破天荒《はてんこう》な方法がブレークスルーともなった。将棋では、不要であろう手を枝刈りすることをやめ、全幅探索と機械学習を採り入れた「ボナンザ」や、囲碁では行き当たりばったりのモンテカルロ法がそうだ。しかしアルファ碁は、そんな歴史を逆戻しし、あたかも人間が学ぶようにコンピューターが囲碁を学んだように見える。

グーグルの発表や論文、専門誌の報道と電通大の伊藤毅志助教の解説によると、アルファ碁はこうやって開発された。

まず、深さ一三層のＤＣＮＮ（Deep Convolutional Neural Network）と呼ばれるディープ・ラーニング技術の一つを使い、インターネットにある高段者の棋譜一六万局、約三〇〇〇万局面を「教師データ」として学習する。これによってできたＤＣＮＮを「SL Policy Network」と呼ぶ。ＤＣＮＮはディープ・ラーニングの一種で、「畳み込みニューラル・ネットワーク」と訳される。特徴量を抽出することに優れ、適切ではない教師データを使い、期待するものと異なる特徴を抽出してしまう「過学習」や「過剰適応」と呼ばれる状態を防ぐ効果があるという。

次に、最初に作成された「SL Policy Network」同士を自己対戦させる、強化学習という手法を実施する。強化学習は、与えられた目的を達成することを「報酬」にして、コンピューターに試行錯誤を繰り返させる手法だ。アルファ碁の場合、より多くの「目」を取ることが報酬になる。この結果、第一段階でできたＤＣＮＮに対して勝率八〇パーセント以上となるＤＣＮＮができたという。この第二段階のＤＣＮＮを「RL Policy Network」と呼ぶ。

第三段階で、評価関数となるＤＣＮＮ、「Value Network」と呼ばれるものを作成する。このために、「ＳＬ」と「ＲＬ」を組み合わせた自己対局によって三〇〇〇万局面のデータを生成し、この勝敗データと「ＲＬ」によって評価関数を自動生成した。

これらにかかる期間は約一ヵ月。第二段階以降がコンピューター囲碁の新しい技術で、研究者や開発者を驚かせた。アルファ碁は、約一二〇〇個のＣＰＵと約二〇〇個のＧＰＵ（画像処理などを行うための高性能半導体）で構成されていて、この「ＳＬ」と評価関数である「Ｖａｌｕｅ」、さらに従来のモンテカルロ探索木のアルゴリズムを組み合わせてできている。

第二段階でできた「ＲＬ」はデータ生成に使われるだけで、最終的なシステムには使われていない。これまで振り返ってきたように、囲碁の評価関数は作成することが非常に難しく、精確なものを作成することは不可能とも言われてきただけに、相当精確な評価関数ができたことは驚きだった。伊藤助教は「不可能と言われていた囲碁の盤面評価関数を実現した、大きな衝撃」と述べている。

こうしてできたアルファ碁のプレー・スタイルは、人間にとって驚きであった。イ九段との対局を解説していたトッププロは、韓国棋院「囲碁ＴＶ」で、こんな疑問を連発していたという（「朝鮮日報」日本語版、二〇一六年三月一六日）。

「不思議だと言うよりも、あり得ない手。プロの感覚では考えもつかない」（イ・ヒソン九段）

「アルファ碁はデータにない手を打っているようで怖い。アルファ碁の自己学習能力が進んで

こういう碁を打つなら、人間はあまりに無力な気がする」（キム・ソンリョン九段）
「アルファ碁はミスばかりしていた。今までの理論で解説すると、アルファ碁の囲碁は答えが出ない」（ソン・デゴン九段）

囲碁では、相手の石に囲まれた中に打つ禁じ手など一部例外を除き、石はどこに打ってもいい。しかし、碁盤の中央ではなく隅から打っていくのが基本だ。中央部分はプロでもその先どう展開するか読みにくいからだ。このことを踏まえて次の韓国・中央日報紙（日本語版）の解説を読むと興味深い。囲碁がまったく分からなくても、雰囲気はつかめるだろう。
「アルファ碁が五〇〇〇年続いてきた囲碁の原理を根本から書き換えつつある。革新は中央攻略だ。かつて、人間が『厚み』と命名して神秘の領域として残してきた空間を、アルファ碁はついに精密な計算力で征服し遂げている。（略）キム・ソンニョン九段は『アルファ碁』は中央の厚みを計算できるようだ（と語った）」と評した。

五〇〇〇年の囲碁の歴史で変わらない不変の法則というのは、隅—辺—中央の順で石を置くという点だ。「（略）パク・チムン韓国棋院副総裁は『プロ棋士』も中央に置くことを躊躇するのは、自身が置く手がどれほどのものなのか、どんな価値なのか分からないためだ。それで漠然と『厚み』と表現するだけだ。だがアルファ碁はこれをすべて数値化できるように見えた』と話した」（二〇一六・三・一一「神秘の領域、中央の『厚み』……アルファ碁は計算した」）

アルファ碁は、トッププロも避けるような手を打ち、時にアマチュアが打つような手を打ち、トッププロを打ち負かした。人間が困惑するのも当然だろう。自分の得意なこと、日々こなしている仕事、熟練していると自負しているタスクを機械が別の方法、時に素人のように見える常識外れのやり方で行い、にもかかわらず自分より速く正確に目的を成し遂げたら、やはり困惑し、がっかりし、やがて恐怖を覚えるだろう。

ただ、中央日報紙が言う「精密な計算力」は少し違うかもしれない。というのも、アルファ碁は、囲碁を「精密な計算力で征服した」わけではないようなのだ。

松原仁教授は「アルファ碁は、計算機パワーをバリバリに使っていますが、囲碁の局面すべてを読んでいるわけではない。直観やヒューリスティックを獲得しつつあると言っていい。（チェスでグランド・マスターに勝ったＩＢＭの）ディープ・ブルーは膨大な情報を処理したが、アルファ碁は選択した少数の情報を処理している」と言う。

人間の「直観」や「ヒューリスティック」は、学習や経験、棋士で言えばチェスや将棋、囲碁の鍛錬によって支えられている。ただし、そうした鍛錬で得た経験や定石、定跡は完全なものではないのかもしれない。イ・セドル九段は五局を終えて「碁の伝統的な考え方に、少し疑問を持つようになった」と振り返った。

同じような光景は、以前にもあった。

「あから二〇一〇」との対局後、清水市代氏は「もしかしたら、可能性のある斬新な一手をも排除してきたのではないか」「経験から切り捨ててきた選択肢を、いまは拾い上げる感じはある。もしかしたら、もっと先にいい手があるのではないかって」と回想していた。

そんな感想は、すでに現実のものとなった。コンピューターが編み出した新しい手を、プロが採用する例がいくつも出ている。

二〇一五年の王将戦、渡辺明《わたなべあきら》王将と郷田真隆《ごうだまさたか》九段との対局で、渡辺王将が「コンピューター新手」を採用し話題になった。渡辺王将は「有力と思える手をこだわりで捨てていたら勝率が上がらない」と述べている（「将棋世界」二〇一五年三月号）。

渡辺明氏は、二〇〇〇年に中学三年で奨励会四段に昇格して加藤一二三《かとうひふみ》氏、谷川浩司《たにがわこうじ》氏、羽生善治《はぶよしはる》氏に続く史上四人目の中学生プロとなった、新世代のホープだ。二〇〇七年には、コンピューターソフト「ボナンザ」と公開対局した棋士でもある。賞金の用意されたコンピューターとの公開対局は、プロとしては史上初だった。

最後の挑戦

アルファ碁に関するグーグルの論文が「ネイチャー」に発表された段階、まだイ・セドル九段と対局する前、電通大の伊藤毅志助教は、アルファ碁の弱点をこう予測していた。「モンテカルロ木探索の問題点であった複雑な攻め合いの理解や、両コウを含むような難解な局面における問題が解決されているとは思われない」「競った相手に難解な攻め合いに持ち込まれると、意外な弱点が露呈する可能性がある」（伊藤毅志、村松正和「ディープラーニングを用いたコンピュータ囲碁～Alpha Go の技術と展望～」、情報処理学会「情報処理」、二〇一六年三月一五日発行）。「コウ」は複雑なため、コンピューターではうまく扱えない分野だった。

伊藤氏の指摘は、第四局を予言していたようで非常に興味深い。この予言通り、第四局でアルファ碁は、乱戦模様になった中盤からコンピューターが動作不良を起こしたと思わせるような悪手《あくしゅ》を連発し敗れた。一般には、イ九段が人間離れした集中力と瞬発力で一矢を報いた、不屈の闘志で意地を見せたというように解説されている。イ九段自身この直前、三連敗した後に「アルファ碁が優れているということは正しいが、少しずつ弱点を見せたので神の境地ではない。敗北はイ・セドルの敗北であって人間の敗北ではない」と述べている。第四局では打ち方を変えたから、アルファ碁が動作不良になったようにも見えることに、なおさら説得力が出る。

アルファ碁は対局相手の意地も闘志もプレッシャーも感じないから、悪手の連発は純粋にアルゴリズムの問題だ。伊藤氏は「まさにモンテカルロ木探索の弱点が露呈した対戦だった」と第四局を評価し、「複雑で正確な読みが必要とされる攻め合いは、まだコンピューター囲碁が解決できていない問題点」と指摘している。

それにしても、なぜアルファ碁が、こんな素人目にもおかしな挙動を見せたのか、というのはだれにも分からない。これがディープ・ラーニングという技術の弱点、問題点とも指摘されているブラック・ボックスだ。このことについては後で触れる。

いずれにしても、ボードゲームの中で最も複雑であり、世界中でプレーされ競技人口が多く、強さを図る相手としてのトップ棋士が何人もいる囲碁で、機械は人間を超えた。繰り返すが、コンピューターにとって苦手だからといって、ゲームの価値に優劣があるわけではない。イ九段は対局後「碁の本質は楽しむこと。アルファ碁との対局はずっと楽しかった」と振り返った。それはチェスにも将棋にも言えることで、すでにコンピューターが人間を超え、超えつつあるチェスや将棋の人気は衰えていない。

タスクの解決方法をアルゴリズムにすることが難しい囲碁は、ボードゲームを対象とした人工知能研究で、最後の挑戦であった。その囲碁で、コンピューターが「直観」や「ヒューリスティック」のようなものを駆使し、人間を凌駕した。コンピューターや人工知能研究にとって、ボードゲームの終わりの始まりであった。

「知性を解明する」というミッション

ディープ・マインド社のウェブ・ページには、トップに「知性を解明する」という企業の目的が明示されている。

英国ロンドンにあるディープ・マインドという一般にはまったく無名の、まだ何も売ったことのないベンチャー企業の名が知られたのは二〇一四年一月、グーグルが推定四億ドル（約四一六億円）で買収したと発表したときだ。四億ドルは、グーグルにとって欧州地域で過去最大の投資という。

翌二〇一五年二月、共同創業者兼ＣＥＯのデミス・ハサビス氏らが「Deep Q-Network」（ＤＱＮ）に関する論文を発表。人工知能プログラムが「インベーダー」や「ポン」（簡易テニス）、「ブロック崩し」といったビデオゲームを、人間からの指示もなくプレーし、人間を凌駕《りょうが》したという内容だ。

ハサビス氏の天才ぶりを証明するエピソードには事欠かない。

キプロス島で玩具店を営む両親のもとに生まれた。四歳のときにチェスを覚え、六歳でロンドンの八歳以下のチャンピオン、九歳で英国一一歳以下チームのキャプテンとなった。一一歳のとき、オセロゲームのプログラムを書き、一三歳には、チェスのジュニア大会で世界二位となる。一六歳でオックスフォード大学のコンピューターサイエンス学部に入り、ゲーム会社のＡＩプログラマーなどを経て、ロンドン大学時代の二〇〇七年に書いた脳の海馬《かいば》と想像活動（可視化）に関する論文は、サイエンス誌が選ぶ一〇大ブレークスルーに選ばれている。

イーロン・マスク、スカイプの共同創業者ジャン・タリンらが出資したディープ・マインドには二〇〇人の研究者がいて、ＡＩ開発では世界最大級の規模という。

ハサビス氏は「人工知能開発の究極の目的は、機械に知性を持たせること」「いずれ、人間の専門家が理解できることには限界があるという問題に直面するでしょう。科学を進歩させるには、人工知能が必要なのです」「二〇年以内に、もっとクリエイティブな機械が現れる」と述べている（『WIRED』VOL.20、二〇一六年一月増刊号）。

そんなディープ・マインド社が開発したアルファ碁の原型は、懐かしいビデオゲームである「ブロック崩し」や「スペース・インベーダー」にさかのぼる。これらのゲームをプレーする人工知能「Deep Q-Network」は、ビデオゲームのスコアを最大化することを報酬に、良い行動、悪い行動を自律的に学習し、ゲームを繰り返して上達し、人間をあっという間に凌駕するようになった（これらの動画はユーチューブに公開されている。「Deepmind's DQN playing Breakout」「DeepMind:Space Invaders」など）。

あらゆる分野に広がるディープ・ラーニング

ディープ・マインドにとって、アルファ碁開発の目的は病気診断や気候予測、経済予測など、現実的で複雑で、人間の手には負えない問題を解決することにあるとしている。ハサビス氏は対局後のインタビューで「アルファ碁の技術を拡張したい」と語っている。

アルファ碁がイ九段に勝ったという出来事は、一般メディアで何度も取り上げられ、以降、人工知能に関するニュースは毎日のようにどこかで目にする。これほどまでに注目されるのは、ビッグデータをもとに機械が学習し、自動的に特徴やパターンを抽出するというディープ・ラーニングという技術はボードゲームに限らず、人間が使うような自然言語の理解や、画像認識、自動運転などあらゆる分野に「拡張」されそうで、それによって社会が激変する可能性があるからだ。

たとえば、特徴を抽出するという能力が最もイメージしやすいのは、手書き文字の認識や画像診断だろう。

手書き文字は同じ「あ」でもさまざまなパターンがある、従来のOCRスキャナーがよくエラーを出していたのは、手書き文字にある無数のパターンを理解することができなかったからだ。かといって、リンゴやネコの定義を延々とルールベースで記述することができないように、手書き文字の無数のパターンをデータベースに蓄積することはできない。しかし、ディープ・ラーニングを使えば、手書き文字の認識も可能になる。

この分野では、たとえば富士通総研が二〇一五年、中国語の手書き文字の認識率で、人間の九六・一パーセントを超える九六・七パーセントを達成したと発表している。富士通総研は二

○一○年から、ディープ・ラーニングを使った文字認識の研究を開始。この技術では、手書き文字の画像を入力すると、その単純な特徴を捉《とら》えることから始め、徐々に文字の複雑な特徴を捉え、文字を識別するために必要な特徴の抽出を、階層的・段階的に自動的に行う。

機械が手書き文字を認識するときは、入力された文字から学習のときと同じように階層的に特徴の抽出が行われ、学習結果で得た特徴をもとに文字を特定し認識結果を出力する。

富士通総研によれば、「文字認識の過程で利用する階層モデルの神経細胞間をつなぐ結線の数を従来（認識率九四・八パーセント）の約二八○○万から約一億五○○○万まで増やすことで認識精度を高めた」という。

人間が表情によって感情を読み取れるのは、長い時間をかけて進化し獲得した特徴を抽出する力のおかげだ。機械が特徴を抽出する技術は、文字から音声、感情までにも広がっていく。画像から特徴を抽出することができれば、レントゲンやCTの画像によって人間よりも正確に病気の診断ができる。すでに一部で実用化しているが、監視カメラをモニタリングして異常を検知するために、人間を張り付ける必要はなくなる。機械は眠らないし注意力が落ちることはない。

翻訳は、長く研究が続いてきた。人間の支援はできるようになったものの、実用レベルとはまだ言えない。言語にはルールがあるようで厳密ではなく、例外も多い。暗黙知や暗黙の了解が無数にあり、社会や個人のバックボーン、どういう状況で使われるかコンテクストによっても意味や意図が変化する。異なる言語をルールベースで置換することはできないことが、機械翻訳が難しい大きな理由の一つだった。これも、ビッグデータとディープ・ラーニングで実現されそうだ。

ディープ・ラーニングを使える研究者、技術者は世界中でも数百人からせいぜい数千人と見積もられている。だが、グーグルやマイクロソフトが、ディープ・ラーニングを使ったデータ解析、開発キットを提供し始めている。あと数年でもっと広がるだろう。技術者が増えれば、「拡張」され、適用される分野はさらに広がっていく。

早ければ二〇二〇年代にはストレスのないリアルタイムの自動翻訳が実現すると考えられている。

ところで、アルファ碁は、イ・セドル九段が勝利した第四局で、素人目にも分かるような悪手を繰り返した。しかし、それまでのコンピューター・ボードゲーム・ソフトのように、なぜアルファ碁がそのような手を打ち続けたのかは、開発者にも分からない。ディープ・ラーニングでは、出てきた結果はほぼ正しいと考えられるが、なぜそうなるのか理屈は人間には分からない。分かるのは、ニューラル・ネットワークの接続の強さ、パラメータだけ。入力されたデータが膨大であり、そのデータがディープ・ラーニングの各層でどのように変換され、最終的な結果として出力されたのか、あまりに複雑な関数をさかのぼることはできない。

こうしたブラックボックス化をもって、ディープ・ラーニングがさまざまな分野に拡張されたとき、機械知能の将来に不安を指摘する人もいる。

機械知能が人類の知能を超える日

ディープ・ラーニングとアルファ碁の登場によって、機械知能が人類の知能の総和を超えるというシンギュラリティ（技術的特異点）論もさかんになっている。シンギュラリティはレイ・カーツワイル氏が二〇〇五年に発表し、一般に認知されてきた。シンギュラリティのような世界観は、カーツワイル氏以前からいくつか指摘されてきた。しかし、これはやや早計かもしれない。

実際、ハサビス氏は以前からインタビューや会見で「人間と同様の汎用人工知能ができるのは、まだ何十年も先。でも五年か一〇年後には、何かしら役に立つものはできていると思います。ぼくたちはいま梯子《はしご》の一段目に上ったところです。この先一〇や二〇のブレークスルーを起こさなければ、その梯子が全部でいったい何段あるのか、そして『知性とは何か』を解明することはできないでしょう」（「WIRED」VOL.20、「Inside Google's Super-Brain-DAVID ROWAN」）と述べている。また、松原教授も「シンギュラリティはいきなり来るのではなく、少しずつ『人間とＡＩ』という枠組みの中で、ＡＩの果たす役割が増していくということだと思います。一方で、ブームが過熱気味なのも心配。その意味で、アルファ碁が一敗してくれたのはよかったと思っています」と語る。

アルファ碁とイ九段の対局で、思い出したことがある。「あから二〇一〇対清水市代女流王将」で「あから」が勝った際、元プロ棋士六段の人工知能研究者、北陸先端科学技術大学院大学の飯田《いいだ》弘之《ひろゆき》教授から聞いた言葉だ。

飯田氏は「相手モデルを考えないコンピューター将棋は独善的。『知』のレベルには達していない」と言っていた。

飯田教授が提唱した「相手モデル探索」というのは、ゲーム技術や棋力だけではなく、相手の心理状態やクセを読む技術を指す。

麻雀やポーカーは、ゲームの定跡もさることながら、引くか攻めるか、相手のクセを把握し、顔色や表情をうかがい、逆に自分は文字通りのポーカーフェースを装い、相手を騙し、勝負所で意表を突くことに、ゲームの醍醐《だいごみ》味がある。

アルファ碁は、棋力で人間を圧倒したけれども、イ・セドル九段をモデル化したわけではない。イ・セドル九段の表情や汗、体温を測るセンサーがあったわけではない。一方でアルファ碁には顔色はないし、声色の変化もない。冷や汗も脂汗《あぶらあせ》もかかない。そもそも、プロ棋士と違って、負けて失うものもなければ、勝ってうれしいという感情もない。

人間のように初めて遭遇するタスクを解決したり、うまく回避するには、だから「身体性」が不可欠である——と考えるロボット工学、ロボティクスの研究者は少なくない（身体性については終章で詳述）。

支援から代替へ

アルファ碁が「直観」や「ヒューリスティック」と呼べそうな機能を獲得し、しかも人間のトップレベルを破ったということで、ボードゲームの研究が教えてくれたことがある。

その一つは、人間の「直観」や「ヒューリスティック」は、かなり良い解決策ではあるけれども、必ずしも最善ではない、かもしれないということだ。まだ改善の余地があるし、ひょっとしたら進化する可能性がある。韓国の棋士の間でも、それまで悪手とみられていた手を見直し、既成概念を打ち破る手助けになった、という声があがっている。そのためには、常識や経験、定石を疑う勇気が必要だ。

さらに、ディープ・ラーニングが応用できるのは、コンピューター内のバーチャルな世界にとどまらない。実体をもった機械でも、有効であることが示されている。以下の二例は、いずれもユーチューブに公開されている。

一つは、カリフォルニア大学バークレー校が開発した、試行錯誤しながらブロックを組み立てたり、立ったり動いたりするロボット。また、ＮＴＴも出資している日本のプリファードネットワークスという会社は、ロボットのミニカーがゼロから動作を覚えて、ぶつからずにルールにしたがって走行するデモを公開している。このロボットカーは、センサーが何の情報を入力しているのか、どういう行動がどんな結果になるかまったく分かっていない状態から学習する。道に沿って速い速度で進んだときにプラスの報酬、壁や他のクルマにぶつかったり、逆走したりしたときにマイナスの報酬を与え、報酬が最大になるように選択すると、結果的に最適な行動をとるようになっているという。

実機でも、ディープ・ラーニングと強化学習が有効であるとわかってきた。身体性とロボティクスに関しては別稿にゆずるが、機械は難しい計算はできるのにロボットは動物の基本的な作業もできないという、モラベックのパラドックス（第六章で触れる）が解決できるかもしれないという期待も出てきた。

自動車事故の九割以上は、人間のミスが原因といわれる。自動運転車が社会に許容されるかという問題はさておいて、人間の能力を補完する機能が——すでに自動ブレーキや車線をはみ出たときに警告するような仕組みは実用化されている——実現すれば、さらに安全な自動車が実現する。

こうした機能は「ＡＩ効果」によって、ただの自動化・機能であって、知能ではないと判断されるかもしれないが、人工知能技術が社会に取り込まれることにかわりはない。機械知能が人間を支援する分野は、これからさらに広がるだろう。

代替される仕事は、熟練が必要のない分野に限らない。日本でも近い将来、約半数の仕事が機械に代替されると予測する研究報告もある（野村総合研究所、二〇一五年一二月）。そこには、これまでも代替されてきたブルーカラー労働だけでなく、高い教育と訓練、専門知識が必要とされる仕事も含まれている（人間の仕事の代替、雇用については第五章で詳述）。

第二章　機械が変える「不確実な世界」

「〝ベーブ・ルースの呪《のろ》い〟を科学で説けるかと。それに、ビル・ジェイムズを雇ったと」

「なぜみんな彼を雇わなかったか不思議だね。球界がだれを好こうと嫌おうと、私は気にしない。だが、最初に何かを成す者は叩《たた》かれる。皆これが球界の脅威だと思っているが、実は彼らの仕事が脅《おびや》かされている。自分らの生活がだ。それは政治もビジネスも同じだ。そこを支配してる者、既成の権力は、みんな頭にくる。だが皆、今のチームを解体し、君の方法で作り直さねば、過去の遺物になる。そんな奴らは家にこもって一〇月に、うちの優勝を見てるだろう」

——映画「マネーボール」（アメリカ、二〇一一年公開）より

研究者が注目するカーリング

二〇一六年三月、世界女子カーリング選手権で、日本代表の「ロコ・ソラーレ」（LS北見）が五輪と世界選手権を通じて初めてのメダルを獲得した。それに続く男子の「SC軽井沢クラブ」も過去最高の四位に入賞した。二〇一八年に韓国の平昌《ピョンチャン》五輪を控えていることもあって、ちょっとしたカーリングブームになった。カーリングはもともと、一九九八年の長野五輪で正式種目となり、二〇〇六年のトリノオリンピックで女子代表（チーム青森）が七位に入賞。北国ではすでに人気スポーツとなっている。札幌では二〇一二年に「どうぎんカーリングスタジアム」がオープンし、社会人が試合を楽しみ、ジュニア育成に力が注がれている。

原始的な遊びの時代から近代競技になった現在まで、約五〇〇年の歴史があるカーリングは、科学者の興味を惹《ひ》く要素がたくさん含まれている。たとえば、ストーンはなぜ曲がるのか、実は回転数が多いほど曲がりは小さくなることは分かっているが、なぜそうなるか理論的には説明できないという。また、スイープ（氷をブラシで掃くこと）と氷に付いた傷、ストーンの曲がりと方向の関係も未解明な点がある。

そしてなにより、「氷上のチェス」と言われるほど戦略性の高いスポーツでありながら、カーリングの戦略を科学的に調べたケースは、実はほとんど存在しない。そこでボードゲームの研究者ら日本の人工知能、情報技術などの研究者がいま、カーリングに注目している。

カーリングの戦略を学術的に研究したケースがほとんど存在しない理由の一つは、カーリングがまだまだマイナースポーツであり、野球やゴルフ、サッカーのように、選手やチームの成績、試合の経過やスタッツ（選手の成績の統計数値）がほとんど蓄積されていないことがある。さらに、現在に至るまでチェスや将棋の棋譜にあたるスコアブックは手書きでデジタル化されておらず、機械で分析するにはデータが乏しいという事情もある。

もちろん、レベルを問わず、世界中の団体やチームが、さまざまな戦略を練っているし、ナショナル選手権や国際大会では、相手チームの研究も欠かされていない。ただ、そうした戦略はあまり外部に出ることはないし、選手やチームが持つ暗黙知が可視化される機会はほとんどない。

関係者によると、カーリングの戦略について、学術誌に発表されたものでは、二〇〇一年「ヨーロピアン・ジャーナル・オブ・オペレーション・リサーチ」誌に、カナダや米国、オランダの研究者が発表した「マルコフ過程によるカーリングのモデル化」(Modelling curling as a Markov process)がほぼ唯一と言ってよさそうだ。ここで登場するマルコフ過程は、未来に起こる状態の確率が「現在に至るまでの過程とは関係なく、現在の状態のみで決まる確率過程」と説明される。人口予測や天気予報で応用されている。スポーツ分野でも、サッカーや野球など球技の戦術分析で使われていて、日本やアメリカでは、野球を題材にいくつもの研究が発表されている。野球のケースに触れてみよう。

鳩山由紀夫《はとやまゆきお》元首相は東京工業大学助手だった一九七九年、日本オペレーションズ・リサーチ学会誌に「野球のOR(オペレーション・リサーチ)」という考察を発表している。ちなみに鳩山氏は、東京大学工学部を卒業後、アメリカ・スタンフォード大学で「オペレーションズ・リサーチ」の博士号を取得している。鳩山氏はこの「野球のOR」で、日本のプロ野球をケースに、野球の戦略について簡単な考察をしている。やや古いが、現在でも興味深く、マルコフ過程を使ったスポーツの戦略研究の一端に触れることができるので、引用しながら紹介しようと思う。

鳩山氏は、まず、野球の複雑さについて、こう前置きする。

「野球をマルコフ決定問題として定式化し、無死満塁で〇ストライク三ボールのときには打者は次の球を必ず見送れなどと結論を導出することもできよう。（略）さらに、攻撃側の最適戦略が知れると、守備側の戦略に影響を及ぼし、上述のケースでは打者は必ず見送るので投手は必ずど真中に投げるように努力するようになろう。それではと、攻撃、守備の両面から捉《とら》えて、マルコフゲームとして定式化すればと考えられるが、状態の桁《けた》数がさらにいくつか増し、定式化を実行に移す勇気はさらさらもち合わせていない」

ここで述べている状態の桁数とは、攻撃や守備のパターンのことで、攻撃で二五九二掛ける二五九二パターン、守備のパターンを含めるとさらに膨大になることを示唆している。一九七九年と言えば、世界初のパソコン「アップル」のⅢが発売される前だから、確かにこうした計算を研究者個人で行うには、コンピューターはまだまったく貧弱であった。

ここで鳩山氏は、簡易な手計算で導いた結論として、盗塁について「ほとんどのケースでは無死よりは一死、一死よりは二死のときに盗塁をすべきである。走者一三塁の時の二盗は守備側が三塁走者の本盗を警戒するため成功率は八割以上であると思われるので一般に盗塁を試みるべきであろう」。バントについては「弱チームほど、好投手に対するときほどバントをすべきであることが分かる」、「ホームランバッターと巧打者の貢献度の比較も容易で、本塁打年間一五本、打率三割二分の中距離の巧打者は、本塁打年間三五本、打率二割七分のホームランバッターとほぼ貢献度が等しいと言えよう」などと結論づけている。

選手の評価やバントに関するこうした指摘は、アメリカのビル・ジェイムズ氏が確立した後述する「セイバーメトリクス」（統計学的な分析手法）や、それに続く「ベースボール・オペレーション・システム」（選手の能力などを数値化してデータベース化）に通じる内容だ。政治家としての評価はさまざまであろうが、一九七九年にこんな着想をした鳩山氏には、率直に敬意を表したい。

「不確実」への挑戦

簡単にカーリングのルールを整理しておこう。

チームは主将で司令塔のスキップ、副将格で五〜六投目を担当するサード、一〜二投目を担当するリード、三〜四投目を担当するセカンドの四人と補欠のリザーブの計五人で構成する。リードとセカンドがスウィーパー（掃き手）を務めることが多い。ストーンの方向や強さを調整するため、ブラシで氷を掃くことをスウィーピングという。

ゲームは、長さ四二・〇六メートル、幅四・七五メートルの競技場（シート）で、二チームで争われる。シートには、目標となる半径一・八三メートルの同心円（ハウス）が青色で描かれていて、野球で言う一回の表裏、二回の表裏のように一エンド、二エンド……とゲームは進んでいく。一回のエンドでは、双方のチームが一人二回ずつ交互にストーンを投げる。一人二回だから、一チームで計八回、双方あわせて一六回ストーンを投げ合うことになる。

一エンド一六回の投石が終わった時点で、ハウスの中心により近くストーンが残ったチームが得点を得る。得点は、ハウスの中心から相手チームのストーンより内側にあるストーンの数を数える。一チーム八個のストーンがあるわけだから、最大で一エンド八点差がつくことになる。このエンドを八回もしくは一〇回繰り返し、総得点で勝敗を競う。

第一エンドの先攻と後攻は、ジャンケンやコイントスで決める。その後は、得点した方が先攻となる。得点がなかった場合（ブランクエンド）の場合は、前のエンドと同じチームが先攻になる。どんなスポーツでもゲームでもそうだが、ルールを知って実際にプレーすると、観戦も俄然《がぜん》面白くなる。

オリンピックなどテレビ中継を見ていると、静かな印象が強く、派手な場面は少ない――相手のストーンを一掃するテイクアウトがたまにあるが――。だれでも簡単にできそうだと思われるかもしれないが、素人が実際に氷上に立つと、まず立って移動することすらままならない。スウィーピングをするとか以前の問題として、とにかく転ぶ。ようやく移動できるようになったとしても、狙った場所に適切な強さでストーンを投げることができない。障害がなくても、ハウスの中にストーンを置くことすらできない。大きくハウスを通り過ぎたり、手前で止まってしまったり、そもそもゲームにならないのだ。

競技場によってシートの氷の状態は異なるし、同じシートでもストーンの滑りやすさや曲がりやすさは時々刻々変化する。ストーンを自在に操るには、相当な練習が必要だ。選手は体幹や筋力を鍛え、トップレベルの試合では、ストーンを数センチの精度で操る繊細さと、ストーンをぶつけて移動させたり弾き出したりするような力強さが求められる。さらに、プレッシャーのかかる場面で最大のパフォーマンスを発揮できるか、メンタルも試される。

ただ、カーリングの興味深い点は、アスリートの技術の高さやメンタルの強さだけではない。「氷上のチェス」と形容されるよう、高いゲーム性、あるいは戦略性だ。

カーリングをまったく知らない人でも、ルールと戦略を聞けば、すぐに分かると思う。このゲームでは後攻が圧倒的に有利だ。

エンドの最後、後攻の一投で、ハウス内にある相手チームのストーンをすべてはじき出すこと（テイクアウト）も可能だ。北海道大学大学院情報科学研究科の山本雅人《やまもとまさと》教授が計算したところ、同じ技術レベルのチームが対戦して最終エンドまで同点の場合、最終エンドで後攻になったチームが勝つ確率は八三パーセントにもなる。

そうであれば、第一エンドで後攻を取ることができたら、ブランクエンドを繰り返し、最終エンドで一点を取ればよい。もちろん、相手もそれを防ごうと戦略を練るから、そう簡単にはいかない。ゲームの進行具合、得点差、双方の技術レベル……。場合によっては、一《いち》か八《ばち》かのギャンブル的なショットを選択することもあるだろう。終盤が近づくほど、双方の技術レベルを考慮した上で、将棋のような詰めへの戦略が重要となる。

ただし、ボードゲームとは根本的に異なる点がある。それは、「不確実性」が含まれるということだ。ボードゲームであれば、一つの選択に対して結果も一つ。ルールに則ってマス目以外に指し・打つ以外の選択肢はないし、プレーヤーはそのマス目に確実に駒を指し・打つことができる。しかし、スポーツでは狙いは一つでも、必ずしも狙い通りのプレーができるわけではない。選択の結果は、選手の技術レベル、氷の状態、そして運不運に左右され、無限に広がる。戦略は正しくても、必ずしも狙い通りにゲームが進行するかどうかは分からない。

アルファ碁が囲碁を征服したあと、この先の研究課題の一つとして挙げられていたのは「不確実」なことへの挑戦だった。

カーリング解明にゲーム木探索

「スポーツになったとたんに、将棋やチェスとは別の戦略を考えなければならない。非常に戦略性が高いのに、でも戦略研究はあまりされていない。カーリングの戦略を考えるのに、たとえばゲーム木探索といったボードゲームの技術を使えないかと」

山本雅人教授の研究室で、デジタル・カーリングが開発されている。適度に不確実性があるカーリングは、研究対象として魅力的だという。ちなみに、山本教授は北海道大学大学院システム情報工学専攻の博士課程にいた一九九六年、バックギャモンというボードゲームで、初めて出場した王位戦で優勝。その後も、一九九八年のジャパンオープン、二〇〇三～二〇〇四年の日本選手権で優勝した実力者。将棋やチェスもそうだったが、数学や情報理論の研究者にはボードゲームの強豪が多い。

デジタル・カーリング・ゲームは、いわゆるカーリング・ゲームで、人間も操作できる。実際のカーリングのように、プレーヤーはストーンの強さと方向である「初速度ベクトル」と、回転方向を決める。不確実性を再現するため、初速度ベクトルには乱数が加算される。機械（ＡＩ）も同様で、ある盤面状態（局面）を入力すると、出力（初速度ベクトル）と回転方向を設定し、ストーンを投げる。

カーリングにはマス目がないから、候補手は無数に存在することになり、列挙することは不可能になる。ゲーム木によって、一つの局面から生成される局面を定めることもできない。そこで、山本研究室にいる加藤修さん（修士一年）が開発したデジタル・カーリング「じりつくん」は、シートを細かいグリッドにわけ、有限個の候補手を生成している。こうして生成した局面一万の投石ポイントの優劣を一秒間で計算している。

この際、チェスや将棋で使われた、明らかに不要な手の探索を除外するゲーム木枝狩りを使い、探索を高速化している。それでも現在、市販のパソコンでは二手先までしか読むことができないという。また、現段階では「枝刈りの割合が四〇パーセント付近を超えると、本来の最善手を選択できなくなることが多くなる」といい、探索の高速化と最善手の選択のバランスが課題という。

前出の伊藤毅志助教が主宰し、二〇一五年から電気通信大で「ＵＥＣデジタルカーリング大会」が開かれている。「じりつくん」など六つのプログラムが参加し、「じりつくん」は二位。また、第一回ＵＥＣ杯で上位に入ったプログラムを招待し、九月に台湾で開かれたＩＥＥＥ－ＣＩＧ（IEE Conference on Computational Intelligence and Games）の特別セッションで優勝した。ちなみに、山本教授は第二回ＵＥＣ杯の人間部門で優勝している。

大会に出場するこれらのプログラムは、囲碁で使われた「モンテカルロ探索木」によるプレイアウトを行って局面を評価したり、ディープ・ラーニングを利用したりと、さまざまな工夫を凝らしている。また、回を重ねるごとに相互に技術を取り入れるなど、将棋プログラムの開発と同じような発展をみせている。これらはすでに、ボードゲームと同じく終盤での詰めは相当な精度という。山本教授は「今後、終局以外で枝刈りが有効か検証すること、ストーンの数など局面状態による枝刈りへの影響の検証」が課題と言う。

ところで、実際のカーリングでは、シートの状態のほか個々の選手の技量、コンディションなど考慮すべき項目がより多くなる。デジタル・カーリングは現段階では、理想的な状態で最適な戦略は何かを探ることを目的としていて、それこそ不確実な氷の状態を読むとか、選手のコンディションといった要素は考慮されていない。

そのため、ボードゲームのように人間と「比較」すること自体、あまり意味がない。そうした前提であえて戦略面を比較した場合、伊藤助教は「中盤から終盤はトップレベルに近づいていると思う。しかし、ゲーム木探索やモンテカルロ木探索では、局面を深読みしなければならない序盤に弱点がある」という。そこで、人間が序盤にとる定跡を教える方法が、これからの課題の一つという。また、局面をエディット（編集）して、そこから最善手を読む「詰めカーリング」のような手法で、戦略支援することも考えられる。

研究者らの大きな目的は、人間を支援するシステムの開発だ。北大のほか北見工業大、公立はこだて未来大、電通大の研究者が「カーリングを科学するプロジェクト」をつくり、情報交換をしている。たとえば、北見工大は、スコアや選手のショット精度をタブレットに記録するポータブル・デジタルスコアブックや、クラウドに蓄積しビッグデータとして利用する「カーリングインフォマティクス」を開発し、戦術やトレーニング支援することを目指している。また、選手の視線の動きをアイカメラで追い、選手が試合中、どこに注目しているのか探り、戦略をたてるのに生かそうという研究もある。

カーリングで日本は一九九八年以来毎回、五輪に出場している。カナダを筆頭にスイス、スウェーデンが強豪で、まだメダルは獲得できていない。一方で、中韓なども台頭している。ＩＣＴ（情報通信技術）による支援で五輪のメダル獲得に貢献できれば、研究者にとっても励みになるし、一般への理解も広がり、ほかの分野への応用も活発になるだろう。

見る方にも、楽しみが広がる。将棋の電王戦のように、中継画面にコンピューターが計算した評価関数、有利不利が表示され、次の候補手を予測する。人間の解説者とのコラボレーションにより、より楽しい観戦になるだろう。

ただ、抵抗もあるようだ。研究者とカーリングのトップ選手が集まったあるシンポジウムで、コンピューターが戦略を考えることに、トップ選手は少し苦笑いしながら「ちょっと抵抗があるかもしれませんね」と応えたのが印象的だった。

こうした抵抗は必ず起こるもののようで、私もとても共感した。しかし、冬季五輪で人気種目になったカーリングで、ＩＣＴによる支援が日本で行われなければ、おそらく外国がやるだろうし、あるいはすでにやっているかもしれない。

データを使い、最適なチーム編成と戦術を考える。それまでの常識を覆して結果を出した例は、メジャー・スポーツの野球では以前から出ている。

選手の評価を変えた「ビッグデータ野球」

野球選手を評価するための方法である「セイバーメトリクス」は、日本では二〇一一年に公開された映画「マネーボール」(原作『マネー・ボール　不公平なゲームに勝利する技術』)で知られるようになった。

アメリカ野球学会の「SABR」(Society for American Baseball Research)とmetrics(メートル法、転じて測定方法の意)を組み合わせた言葉で、野球研究家で作家のビル・ジェイムズ氏が一九七〇年代に提唱したとされる。

打者であれば打率、本塁打数、出塁率……、投手であれば勝利数、防御率……と野球には数多くの成績やスタッツがある。それまでは、データを参考にしつつも、フロントはじめ監督やコーチ、スカウトの経験や直観によって選手を評価してチームをつくり、戦略を選んでいた。これに対し、セイバーメトリクスでは人間の主観を排除して、データによって選手を評価し、戦略を考えていく。

たとえば、ヒットを多く打つ派手な選手よりも、四死球を含めて出塁率が高い選手の方が高い評価となる。無死一塁の状況と一死二塁を比較すると、得点期待値は無死一塁の方が高いから、送りバントは有効ではない——もちろん、弱い打者では有効になるなど、諸条件によって異なる――といった具合だ。

二〇〇一年、オークランド・アスレチックスがセイバーメトリクスの考え方を採り入れた。人気チームにはとうてい及ばない予算で、埋もれていた有望な選手を発掘するための苦肉の策であった。こうしたデータを重視したチーム編成と作戦は、人間の直観や経験則を否定すると受け止められ、関係者から嫌悪された。しかし、アスレチックスはメジャーリーグの中で最低クラスの総年俸で、年間一六〇試合中一〇〇勝以上を挙げ、プレーオフシリーズに進出するようになる。

結果が出る以上、データを重視する野球は広がっていく。日本のプロ野球でも、北海道日本ハムファイターズが二〇〇五年、「ベースボール・オペレーション・システム」（BOS）というデータベースを日本で初めて導入し、二〇〇六～二〇〇七年にパ・リーグを連覇、二〇一二年にも下馬評を覆してパ・リーグ優勝した。二〇一六年も優勝候補筆頭だった強敵ソフトバンクホークスを抑えてリーグを制覇し、日本シリーズでも勝利した。

日本のプロ野球の各球団には七〇人の選手保有枠があり、二八人が出場選手として登録される。BOSの詳細は明かされていないが、プロや有望なアマ選手の成績や年俸、身体能力といったデータを時系列に沿ってデータベース化しているという。予算として設定した年俸総額の中で、各選手の年俸とのバランスや貢献度、活躍度を調整する。保有選手は「レギュラー」

「控え」「育成」「在庫」の四つのカテゴリに分けられる。レギュラーの選手は常にFAやけがで抜けることがあるから、数年先を見据えて選手を育成し、外からの獲得でレギュラーを補充できるようにしていく。

ＢＯＳはもちろん、ドラフトにも使われる。二〇一一年ドラフト会議の一位指名で、巨人で活躍している菅野智之選手もＢＯＳで最高評価だったという。また、二〇一二年のドラフトでは大リーグを志望していた大谷翔平選手を一位指名し、入団を決断させたのもデータに基づく説得だった。当時のプレゼンテーション資料が、球団のウェブサイトで公表されていた。

「メジャーリーグのトップとして長く活躍する」という目標を設定し、日本人と韓国人、国内リーグの経験の有無によるメジャーリーグでの活躍度、つまり国内リーグで実力をつけてからメジャー挑戦した方が成功確率は高いというデータや、三〇歳前後でのメジャー挑戦でも長く活躍できるという前例、野球以外に柔道や卓球の例も踏まえ、若年期に海外に出る効果などを比較。「日本ハムに入団して力をつけてからメジャーに挑戦」と大谷選手を説得したという。また、多くの評論家や本人も不可能だと考えていたという投手と打者の二刀流の可能性を見極めたのも、ＢＯＳの評価だったという。ＢＯＳは、すでに全球団が同様のシステムを採用していると言われる。

コンピューターの処理能力が向上し、ストレージ（記録場所）の容量が大きくなり、使えるデータは成績やスタッツだけではなく、映像にも広がっていく。現在、二〇〇〇年代当初とは比較にならないほどのビッグデータを使ったチーム編成や戦略研究が行われている。

一九九三年から二〇一二年まで、二〇シーズン連続して負け越していたかつての大リーグの名門、ナショナル・リーグ中地区のピッツバーグ・パイレーツは、映像解析により、ストライクかアウトか微妙な投球をストライクにしてしまう捕手の「ピッチフレーミング」という技術を発見し、これに長《た》けた選手を獲得し、投手の成績を向上させた。パイレーツの手法は「ビッグデータ野球」と言われている。

テニスでは、すでに映像とデータを使った練習、戦略支援システムが一般向けに登場している。

イスラエルのプレイ・サイト社が提供しているスマート・コートは、各プレイヤーのコート後方にそれぞれ三台、計六台のビデオカメラを設置し、ボレーやフォアといったスイングの種類やボールのスピード、回転数、選手の走行距離を取得し解析する。データはクラウドに保存され、後で確認できる。選手に自身のプレーが視覚的かつ科学的にフィードバックされるから、練習効果も高いという。プレイ・サイト社には、ノバク・ジョコビッチ選手やビリー・ジーン・キング氏も出資していて、ジョコビッチ氏は「スポーツの世界に革新をもたらす技術だ。膨大なデータを取得して自分のゲームの分析や改善をサポートしてくれる」（「日本経済新聞」電子版、二〇一六年一月三日）と述べている。二〇一五年から日本でも販売され、一セット二〇〇万円からという。

こうした技術は最初、トップアスリートに取り入れられ、廉価になって一般に普及する。ゴルフでは、クラブに取り付けると各種センサーがスイング解析し、スマートフォンやタブレットでスイングを可視可、改善方法をサジェストしてくれる機器が数万円で販売されている。

ボードゲームのようにビッグデータが集まるようになれば、同じようにいずれ機械が人間の考えた戦略を凌駕する時期が必ず来るだろう。アマチュアの技術向上に使われれば、競技の裾野を広げ、より多くの人がスポーツを楽しむ機会を増やすことにもつながるだろう。

人間の経験則や直観が否定されるとき

ボードゲームやスポーツと、データやコンピューターが歩んだ歴史は、仮に将来、汎用人工知能（ＡＧＩ）やそれに近いコンピューターが登場したとき、とても教訓になるような気がしてならない。技術の有用性に早くから気づき、それまで当たり前だったこと、常識を捨てることができるか、あるいは、固定観念に囚《とら》われたままになるか。こんなせめぎ合いはこれから、あらゆる分野で起こることなのだろう。

アスレチックスの手法は当初、スカウトや監督、評論家、新聞のコラムニストらから猛反発を招いた。それはそうだろう。人間がやってきた作業、経験則や直観が否定されるのだから。さらに、メジャーリーグのグラウンドにも立ったこともない、野球の「素人」が、自分が一生をかけてきた領域に、データを盾《たて》にして入り込んできて、面白いはずがない。

アメリカらしいことだと思う。アスレチックスの手法を広く世に知らしめた『マネー・ボール』の著者マイケル・ルイスは、これらの批判に対して実名を挙げて批判、反論している。「ベースボールの世界では、だれもが激怒した。社交クラブ（筆者注・野球界）にとって、この本は読むに値しない代物だった。なぜかといえば、つまりまあ、癪に障るからだ」（『マネー・ボール（完全版）』早川書房）

セイバーメトリクスの手法は、ボストン・レッドソックスや、トロント・ブルージェイズも採用しはじめる。

ボストン・レッドソックスは一九一四年に獲得したベーブ・ルースを擁した六年間で三度のワールド・シリーズ優勝を果たした。しかし一九二〇年、経営難から大金と引き替えにベーブ・ルースを、アメリカンリーグ東地区のライバル、ヤンキースにトレードした。以来、レッドソックスはワールド・シリーズで優勝することができなかった。これが、本章の冒頭に引いた「ベーブ・ルースの呪い」だ。ちなみに、ベーブ・ルースも初期は投手兼外野手の二刀流だった。

レッドソックスは二〇〇二年、若干二八歳の弁護士セオ・エプスタイン氏をゼネラル・マネージャーに、そしてビル・ジェイムズ氏をアドバイザーに採用。二〇〇四年、一九一八年以来、八六年間遠ざかっていたワールド・シリーズ優勝を果たし、ベーブ・ルースの呪いから解放された。

アスレチックスの手法はその後、ほかのチームも採用した。BOSのようなシステムを全球団が取り入れ、勝つことができるのなら、データと統計でチームを編成し、コンピューターが「考えた」戦略が有効であれば、それを使う。どんなに抵抗があっても、結果を出すために新しい技術を取り入れる。そうしなければ、生き残ることはできないのだから。

セイバーメトリクスもBOSも、すべての球団が採用するようになれば、先行者の有利はなくなる。長く続くゲームやスポーツは奥が深い。システムは不断のバージョンアップを求められるし、そうした環境で優位を保つには、コンピューターを支援者としてどう使うことができるかが、問われることになるのだろう。

かといって、人間の棋士の価値は変わらないように、アスリートの価値も変わらない。統計から出された戦略を覆すようなプレーがあり、見る者を感動させるいくつものドラマがあるから、いまでも野球は変わらずメジャースポーツでありつづけている。「マネーボール」も、野球に関わる人間の挑戦と葛藤《かっとう》の物語だから、多くの人の心を打った。

一五世紀にスコットランドで発祥したカーリングは、一八四〇年ごろ近代スポーツとしてルールが確立した。日本に入ったのは一九三七年と言われ、一九四〇年の札幌五輪で採用される予定もあったらしい。しかし、同年の札幌五輪は戦争の影響で幻となり、カーリングも忘れられてしまった。一九八八年のカルガリー五輪で公開競技に採用され、日本でも一般に知られるようになった。

発祥から五〇〇年、日本で本格的に競技されるようになってまだ二〇年ほどのカーリングには、まだまだだれも知らない戦略があるのだろう。この先、アスリートと科学者が、人間の常識を覆すようなカーリングの新しい魅力や価値を掘り起こし、さらに人間がそれを超えることに挑戦する。

第三章　「機械知能の爆発」はいつ起こるのか

「ここ三十年間にわたって政府は政策立案の自動化に力を入れ、決定アルゴリズムの記述も法律からプログラムへと大幅に移行していた。そうすれば、直接データベースを使って、予算配分や立法措置案や軍事戦略大綱が作れるのである」

――ヴァーナー・ヴィンジ『マイクロチップの魔術師』（若島正訳、新潮社）より

言語がもたらした知の蓄積

人類史上の重大な発明やイノベーションを挙げてみろと言われて、何が思い浮かぶだろうか。農業革命によって定住するようになり、余剰生産物が生まれた。農業に従事しなくてもいい人間が生まれ都市や国家、官僚機構ができた。産業革命や電気の発明によって、人間の生産性は一気に高まった。計算機械やコンピューター、半導体の発明にはもちろん、異論がないだろう。どの発明もイノベーションも、すべて重要だ。

ただここでは、言語の獲得と文字や印刷技術の発明に注目したい。現生人類は遺伝的な変化で咽頭《いんとう》という器官を獲得し、言語を扱うことができるようになったという。言語を獲得する前の人類は二足歩行をしていたが、知的能力はほかの霊長類とほとんど変わらなかった。

言語を獲得したことで、人類は具体的で単純なコミュニケーション――食料や危険の存在の伝達、求愛のような――から、もっと抽象的な思考、記号やシンボルを扱うことができるよう

になったと言われている。サケやサンマに共通する特徴やパターンを取り出し、一般化・抽象化してサカナと表現する。こうして抽象化して分類することで、汎用的な知識が生まれた。抽象化したもの同士の関係性を見いだすこともできる。さらに、具体的な事象を体系的な法則や理論にすることができるようになった。

言語と抽象化によって人間は、個別具体的な情報だけではなく、一般化・汎用化された知識や経験を他人と共有できるようになった。さらに、文字によってそれらが蓄積されるようになった。印刷技術によって、知識や経験は時間的、空間的な制約を大きく広げた。広がった知識は、さらに新しい知識や発明の源になった。言うまでもなくもちろん、インターネットは時間や空間の敷居を取り払い、情報や知識が流通するコストを劇的に押し下げた。

「知識の関係」が新しいものを生む

創造性というのは、ゼロから何かを生み出すことではないようだ。アメリカの広告マンが書いたベストセラー『アイデアのつくり方』（ジェームス・W・ヤング著、今井茂雄訳、CCCメディアハウス）には、アイデアを出すコツをこう紹介している。「とにかく、出したいアイデアとは関係なさそうなものも含め、大量の資料に目を通しなさい。そして、関係がなさそうなもの同士に関係性や共通点がないかを考えてみなさい」と。スティーブ・ジョブズも創造性を「ものごとを結びつけること」と言っている。新しいアイデアというものは、過去の経験や学習、無関係に見える知恵や工夫を組み合わせてできる。科学史の偉大な発見も、過去からの知識や失敗の蓄積がベースになっている。

インターネットがない、あっても貧弱だった一昔前、調べ物をするには、図書館に行くことが定番だった。図書館や大学には、こうして蓄積された膨大な知識が眠っている。現代風に言えば、原始的なクラウドだ。もっとも、そんな原始的クラウドであっても、一人の人間がすべてを読み込み、情報や知識同士の隠れた関係を解析することは、とうてい不可能だ。

二〇〇七年までに全人類が蓄積した情報は約３００エクサバイト（How Much information in There in the World?-USC News）だという推計がある。さらにこれから先、ＧＰＳを始めさまざまなセンサーにもなる端末を人間が持ち歩き、あらゆるモノがＩｏＴ（モノのインターネット）デバイスとつながることで、蓄積される情報の量は加速し、指数関数的に増えていく。

一方で、ひとりの人間が情報を処理する能力は、現生人類誕生から約二〇万年、ほとんど進化していない。生物の進化は漸進的でゆっくりとしていて、仮に現在約一四〇〇グラムの脳の容量が増えるとしても、それは早くても数万年単位でのスケールの話になるだろう。

二〇〇〇年ごろから、世界中で何億という人々が電子メールやチャット、ＳＮＳ（フェイスブックは二〇〇四年、アメリカ・ハーバード大のメールアドレスを持つ人間を対象に始まった）を使い始め、人間がサイバー空間で過ごす時間が爆発的に増加した。人間が活動すれば情報が生まれる。サイバー空間には、人間の使う自然言語という、電子化されてはいるものの、整理・構造化されておらず機械には扱いにくいデジタルデータの山ができあがった。

価値がある、あるいは他の知識と組み合わせることで価値を持つ情報や知識が、日の目を見ずに埋もれたままかもしれない。機械が人間の使う自然言語を処理できるようになれば、人類が蓄積している知識の関係の中から、人類がまだ知らない知識を取り出すことができる。

機械が人間の扱う言葉を扱えるようにすることは、人工知能研究の一つの大きな目的だった。機械が自然言語を理解し、自然言語でコミュニケーションを取れるようにすること、その先に何が起こるだろうか。

クイズ番組で人間に勝った「ワトソン」

二〇一〇年ごろから、「ビッグデータ」という言葉が使われ始めた。これが、人工知能研究三回目のブームの火付け役の一つだ。ビッグデータとコンピューターの性能向上によって、これまでできなかったことができるようになってきた。

二〇一一年に誕生したＩＢＭのコグニティブ（認知・認識の意）・システム「ワトソン」は同年二月、アメリカのクイズ番組「Jeopardy!（ジョパディ！）」で、約九割の正答率を叩き出し、人間のチャンピオンに勝ったことで一般に話題になった。たかがクイズ、膨大な知識データベースを構築し、質問にマッチする答えを用意しておけばいい、と思うかもしれない。しかし、それではクイズは解けない。「ジョパディ！」の問題は、歴史や文学などのあらゆるジャンルから、単純な質問形式ではなく、事実を示す形式で問われる。たとえば、こんな風だ。

「馬のひづめにつける金具。またはカジノでカードを入れる箱を表す四文字の語」

答えは「shoe」。

「shoe」自体は、日本の中学生が習うような単語だ。しかし、答えとなる単語を知っていても、解答するには質問の意図や文脈を「理解」しなければならない。質問を予測して、それにマッチするような解答とのデータベースは、物理的につくることはできない。また、問題には賞金が設定されていて、それまでに獲得した金額を解答に懸けることもできる。そして最終的に獲得賞金が最も大きい人が勝ちとなるから、ゲーム性も高い。

こんなゲームで、機械が人間に勝ってしまった。

知識データベースでは勝てないとして、しかし機械が自然言語や画像を理解できるようになることが、なぜインパクトになるのか？

熱を冷ますには「心臓を止めればいい」？

第二次人工知能ブームの失敗を振り返ってみよう。一九五〇年代の第一次人工知能ブームに続き、第二次ブームを牽引《けんいん》したのが「エキスパート・システム」だ。通産省（現・経済産業省）が一九八二年～九二年まで行った「第五世代コンピューター」と呼ばれる国家プロジェクト。ちなみに第五とは、コンピューターの世代を、真空管の第一世代から数えて、トランジスタ、LSI（トランジスタや抵抗など電子部品を一つの半導体に一〇〇〇個～一〇万個組み込んだ回路。大規模集積回路。CPUやメモリもLSIの一形態）、VLSI（超大規模集積回路）の第四世代を踏まえて名付けられた。投入された金額は、国の予算だけで五七〇億円、民間の出資を含めると一〇〇〇億円とも言われる。

プロジェクトでは、「人工知能が人間を超える」という目標が掲げられた。ここで特に期待されたのが、自然言語処理だった。精確な機械翻訳や言語理解を通じた専門的判断など、医療や法律といった知識を人間がコンピューターに蓄積することで、病気の診断や判例に沿った法的な問題解決に答えを出すことなどが期待された――はずだった。だが、技術的には成功したし、人材育成や技術開発には成果があったと評価される一方、一般向けのアプリケーションがまったく開発されず、専門家向けのシステムもほとんど利用されず、一般的には失敗と評価されている。また、これ以降、政府や企業が人工知能分野への投資を控えたため、この世代の人材の層が欧米に比べ薄いことが日本の問題であると指摘する研究者もいる。

エキスパート・システムは、現在の第三次ブームの主流である、ものごとを統計的に分析し、確率的な手法で予測する手法に対して、言語や知識体系を機械に構築するというデータベースのような手法だった。失敗の原因はさまざま指摘されている。一つは、ビッグデータがなかったこと。世界最高水準の推論システムはできたとしても、知識が圧倒的に足りなかったのである。電子化されたテキストも写真も、現在とは比較にならないくらい少なかった。さらに情報や知識は常にアップデートしなければならない。ただし、アップデートするのは手作業だ。

また、高度な知識を蓄積していたとしても、一般常識を理解することができなかった。「熱が出ているときはどうすればいいいか？」と、エキスパート・システムに訊ねたところ、回答は「心臓を止めればいい」だった。実際にこんなケースがあったわけではなさそうだが、エキスパート・システムの常識のなさを象徴するエピソードとしてしばしば引用されている。熱を下げるための大きな目的は命を守るためだ。熱が上がりすぎれば脳にダメージがあるかもしれないから、解熱剤で対症療法する必要もあるかもしれない。医師でなくとも、それくらいの推論はできる。しかし、機械にはそれが理解できない。

言語の背後には、人間が何千年にもわたって蓄積してきた暗黙の了解、抽象的な前提、みんながら共有している感覚がある。人間は常に文法に則り論理的な解釈をしているわけではない。そんなことをしていては、会話やチャットをしながら瞬時に情報を取捨選択できない。人間の五官から流れ込むデータは、毎秒１１００万ビット、意識のある脳に取り込まれる情報は毎秒50ビットという見積もりがある。瞬時に判断するために、棋士がぱっと見のパターンから、最適な候補手を二、三浮かべるように、人間は日常で直観やヒューリスティックを駆使している。自然言語は、直観やヒューリスティックを前提にしているから、あいまいで非論理的であり、矛盾が多い。文法があって言語が生まれるわけではなく、言語が生まれて後付で文法がつくられた。こうした自然言語を機械が操れるようにするには、知識を教え込んでいくだけでは、とうてい不可能だった。

人間の知的活動すべてが対象範囲

自然言語でたずねられた内容に対して、膨大なデータをもとに適切と考えられる答えを返す。この、クイズに最適な解答を示す能力は、クイズだけに使われるわけではない。

二〇一四年九月、ＩＢＭは、「ワトソン」が、がんに関連すると考えられている「Ｐ53遺伝子を修飾するタンパク質を、わずか数週間で正確に特定した」と発表した。Ｐ53とは、細胞ががん化したとき、個体をより良い状態に保つために起こる細胞の自殺（アポトーシス）を起こさせるがん抑制遺伝子の一つ。これが機能しなくなることが、がんが起こる原因の一つだと考えられる。ワトソンは「P53の活性化と不活性化を導くタンパク質を予測するため、P53に関する七万もの科学論文を分析した。この自動分析によって、ベイラー医科大学のがん研究者は、新たな研究対象となり得る六つのタンパク質を特定できた」という。

アメリカ国立衛生研究所によると、典型的な研究者は一ヵ月あたり二三本、年三〇〇本の科学論文を読んでいるという。これに対して、機械が読み込むことができる論文は比較にならない。IBMは「過去三〇年間で科学者が同様の対象タンパク質を発見する頻度が平均して年に一度だったことを考えると、これらの結果は注目に値する」と述べている。

あらかじめプログラミングされたアルゴリズムに従い、テキストに含まれる言葉の関係を分析し、データベースと参照し、新しい知見を出力する。こうした「テキスト・マイニング」と呼ばれる手法が効果を発揮するのは、医療の分野に限らない。むしろ、こうした作業は、人間の創造的で知的とされる活動のほぼすべてを網羅する。

ワトソンは、医療分野で蓄積されたデータと学術論文などの知見、実際の患者のデータとを照合することで、最適な治療・投薬方針を提案することができるようになるという。すでに、アメリカやカナダの医療機関で使われているそうだ。日本IBMと東大も、がん治療開発で提携を発表した。発表によれば、人間が論文や医療データを調べて分析する作業を一〇分程度で行えるという。食材の組み合わせや人間の思考を解きほぐし、新しいレシピを考案する「シェフ・ワトソン」も登場した。人間は、インド料理とイタリア料理を組み合わせるような発想をなかなかしない。二〇一五年には、三井住友銀行がコールセンター業務にワトソンを導入した。

さらに、企業がなにか意思決定したとき、それがコンプライアンスや税法上の問題に抵触しないかを調べる、といったことにも使える。法律事務所なら、裁判官がそれまで判決に使った法律を分析し、裁判官の判決パターンを算出することもできる。ＩＢＭはこういった「質問への応答」を優先したシステムで、四〇〇を超える企業とエコシステムを形成しているという。

文脈を「理解」する翻訳システム

自然言語処理は、人工知能研究の始まりと同時に一九五〇年代から研究が始まった。当時は、文法や言葉の意味を逐一、教え込んでいくことからスタートした。しかし、この手法ではルールが無限に増えていってしまう。前述したように、言語的な知識を論理的に突き詰めると矛盾することが多い。また、文脈によって同じ表現が真逆の意味を持つこともある。「泣く」は一般的にネガティブな表現だが、「映画を見て泣く」という場合には、映画に対してポジティブな評価になる。このように、自然言語はどこまでも不確実であいまいだ。そこで、特定分野の知識をコンピューターに蓄えて「ＡというＡ力ならＢを出力しろ」と、if-then のルールを列挙していけば、無限のルールを前にしてシステムは破綻する。エキスパート・システムの失敗だ。

そこで、機械学習をつかった統計的な機械翻訳が主流となってきた。コンピューターの性能向上がそれを可能にした。日本語の場合、まずテキストを単語単位で区切る「形態素解析《けいたいそ》」という作業を行う。分解した単語をさらに名詞、動詞、助詞などに分けて、どの単語がどの単語に係っているか（係り受け）、構文を解析する。自然言語処理のエンジンは一般的に、形態素解析した上で、辞書と照合し、単語がどのような意味で使われるかを統計的にスコアリングし、複数の選択肢を確率的に順位付けし選定するという仕組みになっている。そうすることで、機械がテキストの意味を理解していなくても、有用な出力が得られることになった。

ウェブにある翻訳システムも現在、言葉の厳密な意味や文法を解析しているわけではなく、統計的な確からしさをもとにした、ある程度正しいだろう答えを出す仕組みになっている。つまり確率的に正しそうだと考えられる訳を出しているわけだ。実用度ではまだ不足かもしれないが、下訳や概要をつかむには十分な精度になっている。また、ＳＮＳの書き込みをもとにした選挙結果予測も、こうした肯定、否定を読みとり、統計分析する技術で成り立っている。ワトソンのような質問応答システムは、これらをさらに高度にした内容だ。

「人間のように」は問わない

ワトソンは膨大なデータから確率的に知識を抽出する、データ・知識融合型人工知能だが、IBMは「人工知能」とは明確に区別している。あくまでコグニティブ・システムだ。究極的に汎用人工知能を目指すAIとは目的が異なり、エキスパート・システムの発展型とも指摘される。IBMは「AIが人間のイミテーションなら、コグニティブ・システムは人間が中心。ヒトの作業を支援するシステム。自然言語を理解し、根拠をもとに仮説を立てて評価し、コンピューター自身が自己学習を繰り返してナレッジ（知識）を蓄えていくことができるシステム」あるいは「経験を通じてシステムが学習し、相関関係を見つけて仮説を立てたり、成果から学習したりすることができるシステム」と定義している。宗教観から「人間の模倣と取られることを回避した」という説もある。

いずれにせよ、大量のデータをもとに、質問に対する解答の候補と仮説を生成し、根拠に基づいた評価を行い、解答を出力することに特化している。

ワトソンがクイズ番組で犯した有名な誤答例がある。質問は「この都市の最大の空港は第二次世界大戦の英雄の名が、二番目の空港は戦いの名前がつけられている」。正解は「シカゴ」だ。だが、ワトソンはトロントと解答した。カテゴリーが「アメリカの都市」だから、人間ならカナダのトロントとは答えまい。しかし、ワトソンは「アメリカの都市」というカテゴリーを、答えの制約とはせず、ほかの根拠による加点と合わせた結果、トロントの確信度がシカゴを上回った結果であり、この誤答が逆に、ワトソンの柔軟性を象徴している。「全体にこのような柔軟なアプローチをとっているから、全体の正解率を上げることに成功した」という。

日本IBMのポール与那嶺《よなみね》CEOは、ワトソンを「IBM一〇三年の中で大きなパラダイム」と表現する。「ツイッターやフェイスブックなどソーシャルメディアへの書き込みが重要になってきている。データ量が増え、それをどう使えばいいか？　会社にとってのベストアクションは？　ワトソンを日本語対応させ研究や教育、ヘルスケアの分野で生産性を向上させる」と述べている。

医学や理科系に限らず、文科系の学問も統計や大量のデータを扱う。大量のデータを扱い、新しい何らかの知見を生み出すことができる機械が登場したことで、科学の進展は加速度を増していく。結果、知識はさらに拡大し、新たな発見が生まれるというサイクルが加速する。こんな状況を「AI駆動型科学」と呼ぶ人もいる。

具体的な事象を抽象化・パターン化し、普遍的・汎用的な法則を見つけ出す。パターン同士の関係や相関・因果関係を推測し、新しい知識を生み出す。そうした抽象的な知識を今度は、具体的な方法へ還元するということは、これまで機械が最も苦手とする、生物でも人間だけが行える知性的な振る舞いの象徴だった。

人工知能の研究者からは、しばしば鳥と飛行機のたとえ話を聞く。人間は鳥を見て空を飛びたいと考えた。しかし、鳥の真似をしていては、人間は空を飛べない。こうして実用化された飛行機は、鳥が飛ぶ仕組みとはまったくことなる原理で飛んでいる。しかし、飛んでいることには変わりはない。

人工知能を判定するチューリング・テストは、チャットによって判断し、コンピューターの出力に注目するので、「人間のように考えたか」は問わない。そのため、チューリング・テストにパスしたからといって、人間のような知能を持っているとはいえない、との指摘はもっともだ。ワトソンやアルファ碁の「知性的振る舞い」は人間のそれとは根本的に異なるかもしれない。しかし、結果として同等かそれ以上の機能を持っている。人間が扱いきれないビッグデータから、新しい知識を生み出し、将来を予測するシステムは、すでに実用化されているし、これから一気に広がるのだろう。

犯罪予測システムの明暗

京都府警が二〇一六年秋から、過去一〇年間の窃盗や性犯罪の傾向を分析し、発生する時間帯や場所を予測する「予測型犯罪防御システム」を導入した。開発費は六五〇〇万円。こうした犯罪を予測するシステムは、海外ですでに導入されている。

アメリカ、メリーランド州フィラデルフィア警察は、ペンシルベニア大学のリチャード・パーク教授（犯罪学、統計学）と協力し、フィラデルフィアで起こった犯罪六万件を分析し、釈放から二年以内に殺人や殺人未遂を犯す前科者を「何人も予測した」という。

アメリカでは、警察が犯罪発生の予測にビッグデータを使うケースが普通になっているようだ。ロサンゼルス市警は、カリフォルニア大学ロサンゼルス校のジェフ・ブランティンガム教授らがつくった「プレドポル」という会社から、犯罪が発生しそうな場所を割り出すデータの提供を受け、重点的にパトロールする結果、犯罪発生率が二五パーセントも減少した地域もある。アトランタやシカゴでも、殺人や銃犯罪を予測するシステムが使われ、プレドポルの技術は、アメリカ、イギリス、ウルグアイの少なくとも四五の警察署に導入されているという。

しかし、だれもがプロファイリングの対象となり、データがある人を「危険」と判断したとき、そして判断されたという事実が公になったとき、その人はその段階で社会的生命が抹殺されかねない。個人をプロファイルするビッグデータはすでに十分にそろっている。現代を生きる人で、銀行やクレジットカードを使わない人はほとんどいないだろう。さらにＳＮＳのつながりや書き込み、クリップするウェブページ、信用履歴、年齢、性別、学歴、所得、納税記録……思い浮かぶデータを並べるだけでも、そこから「犯罪予備軍」を抽出することは可能なようだ。実際、オークション・サイトでは、詐欺など悪意があるとみられるユーザーの出品パターンを分析し、排除する仕組みが稼働しているという。

抽象的であいまいな「安全・安心」を旗標に、予防拘禁の是非すら議論となりうるかもしれない。そうなれば治安維持法の復活である、というのは杞憂《きゆう》だろうか。SF作家のフィリップ・K・ディックは小説『少数報告』（「マイノリティ・リポート」として映画化）で、犯罪発生を完全に予測できるようになった社会（犯罪を予測するのは機械ではなく超能力者だが）で、人間の変えられない運命、予測が犯罪を誘発するパラドックスを描いていた。

「フェア」とは何か

もっとも、アルゴリズムによる代替は、人間の作業よりもフェアであり歓迎すべきもの、という意見もあるかもしれない。学校での試験の採点や、サラリーマンであれば人事査定がフェアで適切か、疑問に感じることは多いだろう。

二〇二〇年度に開始予定の大学入試センター試験の後継テストを議論する「高大接続システム改革会議」で二〇一六年三月、文科省が提示した最終報告案に、「人工知能を活用することを含め、新たな技術の開発と活用を進める」との記述がある。古くから言われてきたとおり、大学入試改革の目的は、知識偏重を改め考える力を養う、という方向にあり、マークシートのような選択式ではなく、記述式の問題を増やすことがその具体策として提案されていた。

記述式問題の最大の課題は、採点する側にとって人員と時間がかかりすぎることだ。そこで最終報告案で出てきたのが、人工知能による採点だった。今回の「人工知能の活用」案については示されただけで、踏み込んだ議論は行われなかったようだ。しかし、大学入試センター試験のように何十万人が一斉に受験するような試験では、人工知能による採点はいずれ現実的な問題となるだろう。それは採点側の都合だけではなく、むしろ受験者からの要望が出てくる可能性が高いからだ。

記述式問題について、受験する側にとっての最大の不安は、採点者によって、あるいは同じ採点者であったとしても、さらに複数の採点者がチェックするとしても、公平性がどれだけ確保されているのかという点に尽きる。その点、十分に高度な人工知能による採点ならば、人間が行うよりもはるかにフェアだと考えられる。

アメリカでは数年前から人工知能による採点が議論となっている。二〇一三年、ライティングの教育者らが、「試験での機械採点に反対する」とのネット署名を始めている。ここで彼らは、「自動採点の現実を見てみると、精度や推論、証拠の妥当性、倫理的スタンス、信憑《しんぴょう》性などを読み取ることができないコンピューターは、文書の本質を測定することはできない」と主張している。すでにアメリカで実用化されている作文のアルゴリズム採点は、ほかのビッグデータと機械学習を使った分野と同じく、人間が評価したサンプル文書を学習用としてコンピュータに大量に読み込ませ、コンピューターはそれを統計的に分析し、採点の方法を「学ぶ」ようになっている。

アメリカの大学が行った分析では、アルゴリズム採点と人間の専門家が行った採点を比較したところ、すでにコンピューターが人間と同じレベルの精確性を達成し、機械の方が信頼性は高いケースもあったという。

確かに、コンピューターは将棋をプレーできても、将棋そのものを理解してはいないし、対局の意味や価値も分かっていないだろう。機械が人間の書く文章の機微や文章の背景にある意図を読み取ることはないかもしれない。しかし、結果として機械が人間よりもフェアで適切な結果を出力できるのであれば、それを利用するという選択肢は十分に検討に値する。

機械知性が人間を超える日

ここまでは、すでに起こっている、あるいは起きつつある話だ。もう少し、先の未来を考えてみよう。

「人類の生物学的知性とコンピューターの人工知能を組み合わせた『人類文明の全知性』は、

現在に比べて一〇億倍になっている。そのとき、コンピューターは血液細胞とほぼ同じ大きさになっている。人類は脳の内部にこのテクノロジーをはめ込み、脳をクラウド上に置き、思考をさらに大きくする」

二〇四五年に「シンギュラリティ（技術的特異点）」が訪れる。ＯＣＲスキャナーやデータベースなど、数々の発明をしたアメリカの未来学者で、現在はグーグルで人工知能研究を率いているレイ・カーツワイル氏が二〇〇五年にこう「予言」した。

カーツワイル氏といえば、日本では同名のシンセサイザーの方が有名かもしれない。シンギュラリティはもともと、宇宙誕生の瞬間やブラックホールの中のように、物理法則が崩れる状態を指す言葉だ。だから、シンギュラリティ後を予測することはできない。一般には「テクノロジーの進歩によって、人類を超える知性が生まれる時。人間と機械が融合し、死をも克服する世界」などと理解されている。

当初は、こんなＳＦのような話が話題になることはほとんどなかった。ところがここ数年、ワトソンやディープ・ラーニング技術の登場、さらにアルファ碁によって、大まじめにかつ現実的に語られるようになってきた。

「機械知性が人間を超える日」は、カーツワイル氏以前にも、数学者でＳＦ作家のヴァーナー・ヴィンジらが取り上げている。ハンス・モラヴェック氏は、意識をコンピューターにバックアップするマインド・アップローディングなども論じている。

ほかにも、イギリスの数学者I・J・グッドは、論文「最初の超知性機械についての推論」(Speculations Concerning the First Ultraintelligent Machine)で、「超知的マシンはさらに知的なマシンを設計できるだろう。それによって間違いなく知能の爆発的発展があり、人類は置いて行かれるだろう。最初の超知的マシンが人類最後の発明となる」などと論じているし、オーストラリアの人工知能研究者ヒューゴ・デ・ガリスは人間の知能をはるかに超越した神のような機械「ゴッド・ライク・マシン」を構想した。

さらにさかのぼると、チューリングは「機械が思考する方法をひとたび確立したならば、我らのごときひ弱な力はすぐに追い抜かれていくだろう」と言い、数学者ジョン・フォン・ノイマンは「どうも人類の歴史において何か本質的な特異点が近づきつつあるのであって、それを超えた先では我々が知るような人間生活はもはや持続不可能になるのではないか」との趣旨の言葉を残しているという。

もちろん、これらはあまりに時代が早く、あくまで思考実験であり、現実的問題と受け止める人はいなかった。研究者はいずれ――しかし一〇〇年後か二〇〇年後か――そういう世界が来ること自体は否定していない。

上昇カーブは急激に上向く

それにしても、まるで夢物語のようだ。現在からわずか三〇年後に、そんなことが起こるとは、にわかには想像しがたい。それが平均的な反応だろう。

なぜ人間には想像しがたいのか。カーツワイル氏によれば、技術の進歩は直線的ではなく指数関数的に、連続的に発展する「収穫加速の法則」に従っているからだという。

指数関数的な爆発は、感覚的に理解しにくく、さまざまにたとえられている。日本では、豊《とよ》臣秀吉《とみひでよし》に仕えた初代曽呂利新左衛門《そろりしんざえもん》のエピソードが有名だ。あるとき、秀吉から褒美に何を希望するか尋ねられて、新左衛門は「きょうは米一粒、あすは二粒、あさってには四粒……」と、毎日、前日の二倍の米粒を一〇〇日間にわたって受け取ることを希望した。毎日二倍に増えていく米粒が一〇〇日続くとどうなるだろうか。五日目では、まだ三二粒。しかし三〇日目には一〇億粒、四〇日目には一兆粒にもなってしまう。五〇日目には、一一二六兆倍の増加になる。一〇〇日目には数える桁が見当たらなくなるだろう。

指数関数的な増加は、初期こそ増加が緩やかだが、しかしある一点を越えると、増加は垂直に近い上昇カーブとなる。気づいたときには、手遅れになるのだ。コンピューター・チェスが、人間と互角になり「機械対人間」が話題になったのは、ほんの数年の間だけだった。人間に及ぶまでは機械が弱すぎ、人間に並んだと思ったら、あっという間に抜き去り、対局するには人間が弱すぎるようになってしまった。将棋や囲碁も同じだろう。気がついたときには、機械ははるか先に行ってしまうのだ。

長く、自動運転は不可能だと考えられてきた。二〇一一年二月、共著『閃け！　棋士に挑むコンピュータ』で、自動車を運転することが、実はいかに難しいことかを紹介するため、こう記述している。

「車の運転に習熟していない人にとって、周囲の状況を判断しながら車をスタートさせて運転することは、ときにパニックを起こすほど難しい。主に視覚に入ってくる周囲の状況をどう認知し、情報を取捨選択し、行動につなげればいいのかわからないからだ。車の運転に慣れている人は、このパニックに陥る心理をなかなか理解できない。それは、フレーム問題を無意識に解決しているからだ」

現実世界で直面するあらゆる事象を「if-then」（もし～なら～と行動せよ）で記述することはできない。これはフレーム問題と言われている人工知能の難題で、それによって自動運転がいかに困難かを取り上げたつもりだった。

これは、つい六年前のことだ。当時、ほとんどの研究者も、自動運転が実用化するのは、まだまだ未来のことだと考えていた。それが、すでに実用化できる、それもおそらく人間の運転よりもはるかに安全な技術レベルに達し、あとは社会的な合意を待つだけになっている。二〇三五年には、自動運転車の販売台数は年間一一八〇万台、自動車販売全体の九パーセントを占めるとの予測もある。「自律走行技術と自動運転車が、自動車産業に多大で長期的な影響を与えることに疑いはなく、今後の自動車販売にもプラスの影響を与える」（米国の調査会社ＨＩＳのレポート「Automotive sales forecast」二〇一四年一二月）という。

人間と同等の知能が一〇万円

カーツワイル氏の指摘をもう少し見ていこう。氏が示すロードマップによれば、二〇三〇年には脳のリバースエンジニアリング（脳の構造を完全に分析し再現すること）が完了する。それにより、脳からワイヤレスで多くのコンピューターにアクセスできるようになる。そうすると、人間の思考が「生物学的」と「非生物学的」の組み合わせとなる。人間とコンピューターが融合するわけだ。そして、非生物学的思考はバックアップされ、指数関数的に成長し始める。これを「収穫加速の法則」と呼んでいる。

さらに二〇四〇年、人間の思考はすべて非生物学的となり、コンピューター化される。非生物学的思考が生物学的思考をすべて理解し、コピーをつくるようになる。コンピューターが人間の脳をバックアップするということだ。このころには、物理的な身体もつくれるようになっている。そうして、コンピューターは人間と同等の能力を持つようになる。コンピューターが人間の脳と同等の性能になるのが一つの境界線で、この段階でコンピューターは自らの能力を自ら改良できるようになる。たとえば、コードを書いたり、書き換えたりすることができるようになるということか。

こうして、人間の手を離れて発展し始めたコンピューターは、二〇四五年には人間の理解力を超える超人工知能（ASI）となり、全人類おそらく一〇〇億人程度の知性をコンピューターが凌駕《りょうが》することになる。これがシンギュラリティだ。特に、G（Genetics＝遺伝学）、N（Nanotechnology＝ナノテクノロジー）、R（Roboticis＝ロボット工学）が融合することで、人体の機能はナノロボットによって強化、融合し人間は死をも克服するという。さらに、ナノマシンが脳をくまなくスキャンしデータベース化することで、人間が身体を有することすら意味をなくしてしまう。自分の人格や記憶を機械にバックアップしてしまえば、人間は死ぬことなく、意識だけが仮想空間で生きていくようになる――。

カーツワイル氏は、この技術の指数関数的な増加を、よく知られている「コンピューターの性能は一年半～二年で二倍に、価格は半分になる」というムーアの法則だけではなく、地球生命の誕生から現代までの進化、進歩に重ね合わせて論じている。

つまり、生命の誕生から、真核細胞・多細胞生物の登場、カンブリア爆発、昆虫類、霊長類といった生命、生物の多様化と進化だ。四〇億〜三七億年前に誕生した生物は、約五億年前のカンブリア爆発で急激に多様化した。一〇〇〇万年前、霊長類の祖先が骨や石を道具として使い始めた。

ヒト科が誕生したのが七〇〇万年前。それから、進化の速度が速まった。一八〇万年前に石器を発明し、火を使うことを覚えた。二〇万〜一〇万年前に現生人類が出現し、一万年前の農業革命、二万五〇〇〇年前の都市誕生、五〇〇〇年前の文字の誕生に続き、五七〇年前（一四四五年ごろ）、ついに印刷技術が発明された。二四八年前（一七六九年）には蒸気機関の発明に伴う産業革命により、機械が人間の肉体の動きを一部代行するようになった。

一三〇年前に電話が生まれた。約七〇年前に計算機が発明され、脳の機能の一部を代行し始めた。そして、計算機はコンピューター、パーソナルコンピューターとして劇的に進化してきた。たとえば、インテルのCPUの処理能力に当てはめると、一秒間に何百万個の命令を処理できるかを示すMIPSという単位で、一九九二年の486DXは五四、一九九九年のペンティアムⅢは一三〇〇、二〇〇八年のコア2エクストリームは五万九〇〇〇にも達している。単純な比較だが、二〇〇〇年に一四の昆虫の脳レベルだったものが、二〇一五年にはネズミの脳程度にまで進化したことになる。

このペースで進むと、二〇二九年には人間の脳と同等の計算能力を、約一〇万円で購入することができるようになると考えられるという。

進歩が速すぎて予測困難に

確かに、技術革新が次の技術革新を生む間隔は、どんどんと短くなっている。また、機械が機械をつくるようになるということも、すでに現実のことだ。現在の半導体は、コンピューターによる設計と、人間の職人ではとうてい不可能な分子レベルでの機械工作技術によって成り立っている。そうしてできた半導体がさらに複雑な計算処理を可能にするというサイクルで進んでいる。人手を使いながらであるが、機械がさらに強力な機械をつくり、強力な機械はさらに強力な……というループが起きているのだ。

また、知性の爆発を、アルファ碁が囲碁を「鍛錬」した過程を振り返って考えてみよう。イ・セドル九段との対局に備えて、ニューラル・ネットワーク同士が数ヵ月の間に三〇〇〇万回もの対局をこなした。これにより、人間の常識を超える最善手をいくつも発見し、人間のトップを凌駕した。三〇〇〇万回というのは、仮にプロ棋士が毎日、同等のレベルの相手と対局して、八万二〇〇〇年もかかる計算だ。これでは、人間はとても敵《かな》わない。

技術革新は、コンピューター分野に限らない。二〇一一年の福島第一原発事故で、再生可能エネルギー、特に太陽光発電の市場が大きく広がった。市場が広がると、技術革新が進み価格は安くなる。自然エネルギー財団の試算によれば、国の買い取り制度の影響もあるものの、太陽光パネルを設置し二〇年維持する費用は、二〇一四年と二〇一〇年を比べると、四割近くも安くなっている。現在、大手電力会社の電気料金とほぼ同等だという。カーツワイル氏は、太陽光で全地球のエネルギーを賄ってもあり余る時代が来ると述べている。

新しい技術は、さらに新しい技術の呼び水となる。文字が発達することで知識が蓄積され、印刷機の発明によって知識と情報の時間的、空間的制約が急激に広がったのが典型だろう。広まった知識や情報は、さらに新しい技術を生み出していく。こうして俯瞰《ふかん》すれば、確かに技術的な大イベント、イノベーションの起こる間隔は、徐々に短くなってきている。実際に、指数関数的に進歩している。こうした歴史が、シンギュラリティ論の根拠になっている。

世の中の変化が速すぎて……というのは、中高年の愚痴《ぐち》ではなく、事実のようだ。こうしてみると、ただの夢物語が、少し現実感を持ってくる。実際、人間の感覚では現代でもすでに、技術進歩の予測は困難になっているという指摘もある。

ヒトゲノム解析プロジェクトは当初、一五年はかかると言われていた。にもかかわらず、一三年で完了してしまった。アルファ碁が登場する直前まで、囲碁ではあと最低でも一〇年は、コンピューターは人間に勝てないと考えられていた。これも、覆ってしまった。

将棋の羽生善治《はぶよしはる》氏は一九九六年に、「コンピューターがプロ棋士を負かす日は?」という問いに、「二〇一五年」と、ほぼ正確に言い当てている。二〇年前、一九九六年といえば、将棋ソフトはまだアマチュア中級者程度のレベルで、とてもプロに及ばない時代だった。どうすれば強くできるのか、ということすら分からない時代だった。

現在の感覚、人間の感覚で技術進歩を予測することは、一握りの天才を除いて、難しいことなのかもしれない。

「シンギュラリティ」は一神教的妄想か

シンギュラリティ論には、終末論を彷彿《ほうふつ》とさせ、神学的で非科学的である、などといった否定的な考え方もある。指数関数的な増加は永遠に続くことはなく、どこかの段階で資源を消費し尽くし、物理的限界から停滞する。あるいは経済的に成立しない、などの説だ。

ムーアの法則は、半導体の集積密度が分子レベルにまでなっていて、これ以上の微細化には限界があるとも指摘されている。これに対しては、真空管がトランジスタになり、トランジスタが半導体チップ（LSU）になってきたように、仮に半導体の集積密度が限界に達しても新しい技術ができる、という反論がある。逐次処理のノイマン型コンピューターでは不可能な並列処理を実現し、現在のスーパーコンピューターでも不可能な計算ができると考えられる量子コンピューターも研究されている。

人間の知力とは何で、どう発生するのかという問題もある。そもそも、「知性とは何か」が定義されていない。東京大学名誉教授の西垣通《にしがきとおる》氏は「カーツワイルは知力を単純に捉えすぎている。人間の知力は多様で、集積密度の増大カーブでは比較できない。意識とは何かもわかっておらず、一神教的な妄想にすぎない」と述べている（ＮＨＫ「視点・論点」二〇一六年二月一五日放送、「人工知能をいかに進めるべきか」）。

フェイスブックは二〇一三年にＡＩ研究所を設立した。所長に招聘《しょうへい》されたニューヨーク大学のヤン・ルカン氏は、米ベル研究所などを経て二〇〇三年にニューヨーク大学教授に就いた、ディープ・ラーニング研究の先駆けの一人。ルカン氏はシンギュラリティには懐疑的で、ディープ・ラーニングも過剰に評価されていると見ている。汎用人工知能の実現はまだまだ先で、指数関数的なコンピューターの性能向上にもどこかでブレーキがかかるという。ＡＩ研究所の長期的な目標は「インテリジェントなデジタルアシスタント」をつくることだが、「インテリジェントなデジタルアシスタントをどうすればつくれるかがわかっているわけではない」（「日本経済新聞」電子版、二〇一五年一〇月六日、「米フェイスブック研究部門トップが語る人工知能の未来」）。

フェイスブックが人工知能を研究する理由は、毎日投稿される何億枚もの写真には何が写っているのか、何を表現しているのか認識させたり、フィードに流れる膨大なテキストの中から、ユーザーが興味・関心を持ちそうな話題を優先的に表示させたりすることができるようにする、機能特化型の人工知能が目的だという。

現実となった「フランケンシュタイン・コンプレックス」

仮に、ある程度の機械知能が出現するとして、その危険性も指摘されている。道具や技術は、人間の能力を拡張することだ。武器によって、人間より身体能力の高い動物を狩ることができるようになり、インターネットにより個人ユースのコンピューター（パソコンやスマートフォン）が、空間や時間を超えたコミュニケーションを可能にした。技術は人間同士の諍《いさか》いや戦争にも使われてきた。軍事技術へ転用――むしろ、軍事技術が民生に転用されたケースの方が多いかもしれないが――されることは、新しい技術が発明・発見されるたび、懸念されてきたし、そうした懸念が現実のものとなったケースは枚挙にいとまがない。

ただ、ＡＩやロボット技術の軍事転用は核と同様かそれ以上に破壊的、破滅的だ。道具を制御できなくなるケースはあっても、道具が自律的に動き出すというのは、人類史上経験がない。囲碁を行うＡＩ、ディープ・ラーニングは応用範囲を広げ、金融取引や兵器分野など、知性的な作業が求められる多くの課題に適用されうる。さらに、これまでの道具や技術はどれも、間接的に人間の能力を拡張してきたのに対し、人間の脳と機械が一体化した世界でいったい何が起こるのか、まったく想像がつかない。

欧米では、人間が生み出した生命や知能が、人間を襲うという「フランケンシュタイン・コンプレックス」が、一九世紀にイギリスで小説（『フランケンシュタイン、あるいは現代のプロメテウス』）が出版されて以来続くＳＦのテーマでもあった。

ディープ・マインドに出資していた起業家のイーロン・マスク氏は、人工知能を「悪魔を召喚するもの」とたとえ、「ＡＩの進化速度は指数関数的で信じられないほど速い。この技術により五年以内に深刻な危機が訪れる可能性がある。長くても一〇年以内にそれが起こる」という。オックスフォード大の哲学者ニック・ボストロム教授は、知性を持つコンピューターが人類の絶滅を早める可能性があるとしている。ボストロム氏は、機械学習によって、開発者や研究者の管理を逃れる方法を、機械が発見するかどうかに関心を向けているという。

ＡＩは、人間が悪用できるというだけではなく、人間がコントロールできないシステムを構築しうる。超知能から見た人間は、人間から見た虫けらのような存在に過ぎない。虫が人間の知性を理解できないように、人間は超知能の知性を理解できない。

イギリスの理論物理学者スティーブン・ホーキング氏は、ＢＢＣのインタビューで「原始的な人工知能は、極めて有用であることが明らかになっている。だが、完全な人工知能の開発は人類の終わりをもたらす可能性がある。ひとたび人類が完全な人工知能を開発してしまえば、それは自立し、加速度的に自らを再設計していくだろう」「完全なＡＩの開発は人類に終わりをもたらすかもしれない。ゆっくりした進化しかできない人間に勝ち目はない」などと、人類史上最大の過ちになる可能性を警告している。

私自身、こうしたSF映画や小説に好んで触れているので、とても興味のある内容だ。ただやはり、少し現実離れした感覚がぬぐえない。〝現実〟に戻ってみよう。

「日本からシンギュラリティを起こそう」

大阪駅近く、再開発が進み、未来を先取りしたような複合施設「グランフロント大阪」。その中の会員制のナレッジサロンで、「シンギュラリティを語る会」という勉強会が定期的に開かれている。二〇一五年から活動を始めた。「日本からシンギュラリティを起こそう。起こせそうなキーパーソンに集まってもらおう」というのが目的だ。会を主宰している、宇宙物理学者で神戸大名誉教授の松田《まつだ》卓也《たくや》氏は、活動開始以来、大阪や東京で、講演会や交流会を開いている。松田氏は、NPOで理科教育活動や疑似科学批判に取り組んでいるほか、ウェブ小説なども発表している。現在では講演や執筆、イベントなどで、日本でのシンギュラリティの伝道師のようになっている。

もともと、SFファンでもあった松田氏がシンギュラリティに関心を持ったのは、カーツワイル氏がきっかけだが、さらにさかのぼるとイギリスの科学者、結晶構造学や分子生物学の先駆けであるジョン・デスモンド・バナールによる『宇宙・肉体・悪魔——理性的精神の敵について』（みすず書房）にさかのぼる。原著は一九二九年。二八歳のバナールはこの著作で宇宙移民、その手段としてのスペースコロニーや、人体のサイボーグ化、肉体改造といった概念を示した。一九二九年は、ちょうど世界恐慌があった時代。インターネットはもちろん、コンピューターもない時代に著名な科学者が示した未来予想に、松田氏は衝撃を受けた。その記憶がずっと残っていた。

松田氏の研究者としての歩みは、日本のコンピューターの発展の歩みと重なっている。松田氏は学生時代、京都大学天体核物理学研究室で、日本の宇宙物理学の先駆けである故林《はやし》 忠四《ちゅうし》郎《ろう》に師事する。そのころがちょうど、日本の大学にコンピューターが導入され始めた時期でもあった。コンピューター・シミュレーションの発達により宇宙物理は発展してきた。松田氏は当時から「林教授はＮＡＳＡで見たコンピューターに感動していて、私自身も初めて触れて以来、将来性があるな」と感じていたという。

松田氏が最初にコンピューターに触れたのは京都大学の学部生だった一九六一年。地学の演習で、地震の波を描くプログラムを書く機会があった。アメリカでジョン・Ｆ・ケネディ大統領が就任し、ソ連の有人衛星ボストーク一号でユーリイ・ガガーリンが人類初の有人飛行、地球一周に成功した時代だ。当時、京大には「ＫＤＣ－１（京都大学ディジタル型万能電子計算機第一号)」という、京大と日立製作所が一九五九年に共同開発したコンピューターがあった。しかし、計算資源が稀少な時代である。もちろん、大学生がコンピューターを使えるわけもない。プログラムを書くといっても、キーボードを叩くわけではなく、紙に書くだけ。誤りを修正するデバッグももちろん、机上で行う「演習」だった。

情報処理学会によるとKDC－1は、クロック230キロヘルツで、一九六〇年に磁気ドラムや磁気テープ装置も含む全体が完成。京都大学工学部に設置されたという。一九六一年一月には、京大に日本の大学で初めての計算センター「電子計算機室」が発足し、約一五年間、大学で利用された。KDC－1はHITAC(ハイタック)102Bとして商品化され官庁などにも納入された。「産学共同開発、国産機の政府機関による採用という観点からみても記念すべきものである」(情報処理学会)という。

松田氏は修士二年のとき、後継機のKDC－2で、ようやく計算ができるようになった。宇宙が誕生した直後、ヘリウムができる過程を計算した。当時、松田氏は、プログラムを書いてはラインプリンタに出力し、パンチカードに記録し――という作業を繰り返し、結果を出力するまで「三日かかっていた。それがいまでは一秒になった」と振り返る。

「KDC－1」はトランジスタに、シリコンではなくゲルマニュームを使っていた。その後、一九七一年の世界初のマイクロプロセッサー(インテル4004)が誕生する。当時に比べ、マイクロプロセッサーの性能は一兆倍を超え、二〇二一年には一一二六兆倍になるとも予想されている。記憶容量の増大もとんでもない数字だ。二〇〇五年のSDメモリーカードは大きくても128メガバイト。それが二〇一五年には512ギガバイト、わずか一〇年で四〇〇〇倍の高密度化を達成している。こんなことが、あらゆる分野で起こっている。バナールが一九二九年、『宇宙・肉体・悪魔』を発表した当時、スペースコロニーも人体のサイボーグ化もまだ夢物語だったが、いまでは現実の技術として捉えられ始めている。

松田氏は「シンギュラリティを語る会も半分は冗談で始めた活動ですが、冗談ではなくなってきた、起こせるのではないかと思えるようになってきた。その一番のきっかけは齊藤さんに会って、齊藤さんが開発したスーパーコンピューターを見た時。本当に衝撃を受けた。シンギュラリティを起こすマシンかもしれないと」と振り返る。

松田氏が「天才の一人」と言うその齊藤元章《さいとうもとあき》氏が開発したスーパーコンピューターが、埼玉県和光《わこう》市の理化学研究所にある。

「京」から「エクサ」へ

埼玉県和光市の理化学研究所、情報基盤センター。洗濯機を一回り大きくしたようなドラムが五つ、それぞれに冷媒となるフッ化炭素と、チップがいくつも並んだ基板「ブリック」が収められている。ブリックからは電源ケーブルや通信ケーブルが無数に延びる。高性能かつ接地面積やコストを削減し、騒音が小さく、電力消費を抑えるためには、冷媒に基板を直接入れる液浸式が最適という。これが二〇一五年六月に設置されたスーパーコンピューター「菖蒲《しょうぶ》」である（155ページの写真）。

齊藤元章氏は、放射線科医としてキャリアを積んだ後、日米でベンチャー企業をいくつも立ち上げた。さらにペジー・コンピューティングを率いて理研とともに「菖蒲」を開発した。縁起が良いとされる植物の菖蒲や「勝負事」などにちなんで名付けられた。

スーパーコンピューターの性能を測るランキングが年二回発表されている。絶対的な性能、技術的な進歩をみることができる「TOP500」と、単位消費電力あたりの演算性能、省エネランキングである「GREEN500」の二つだ。TOP500では、予算と人手をかければある程度の上位を狙えるのに対して、GREEN500では技術力が問われる。菖蒲は二〇一五年、「GREEN500」で世界一となり、日本企業が初めて一〜三位を独占した。菖蒲は、理研のスパコン「京」の五分の一の処理能力ながら、消費電力は二五〇分の一という。

「妄想癖の激しい人間です」と、齊藤氏は冗談を交えつつ、しかしスパコン開発の理由を語る姿は真剣そのものだ。「不老の仕組みや超知能、宇宙の自然科学の全てを解き明かす、そのために、圧倒的に省エネで高機能なスーパーコンピューターが必要」という。

そのための、短期的かつ現実的な目標として「エクサフロップ（一秒あたり一〇の一八乗、日本語の単位「京」は一〇の一六乗）のスーパーコンピューターを二〇二〇年までに稼働させる。汎用人工知能を可能にするハードをつくり、人間の脳を根源的に理解する」を挙げる。齊藤氏は著書『エクサスケールの衝撃』（ＰＨＰ研究所）で、エクサ級のスパコンが登場することで、エネルギーコストをはじめ人間が生きるために必要なコストがほぼゼロになるなど、テクノロジーがもたらす未来を予測している。

齊藤氏がもつ問題意識の一つは、スパコン性能の伸びが鈍化していること。ＴＯＰ５００の性能をみると、一九七六年の初代スパコンである「クレイ1」以降、2倍、2^2倍、2^3倍……2^{20}倍という性能向上の指数をグラフにするときれいに四五度を描くような右肩上がりの直線が描かれる。しかしここ数年、直線はやや平坦になり、性能向上速度が鈍化しつつある。一九九三年を起点にしても、二〇年で2^{20}倍、一年で二倍だった性能向上の割合は落ちてきている。

二〇一六年五月時点のＴＯＰ５００では、一位は中国の「天河二号」（実効性能値３３８６２ＴＦＬＯＰＳ〈テラフロプス〉）、二位はアメリカ国立研究所の「タイタン」（１７５９０ＴＦＬＯＰＳ）、三位はアメリカ国家核安全保障局の「セコイア」（１７１７３ＴＦＬＯＰＳ）、そして四位に日本の「京」（１０５１０ＴＦＬＯＰＳ）と続いている（Ｔ〈テラ〉は一〇の一二乗＝一兆）。トップ一〇のうち、アメリカが半数の五つを占め、日本、中国、ドイツ、スイス、サウジアラビアが

スーパーコンピューター「菖蒲」（上）と、その基板「ブリック」（下）

一つずつとなっている。「京」は政府が富士通などと開発。総開発費は約一一〇〇億円、維持費は単独で年間約一一〇億円。毎秒一京（一〇ペタ、一〇の一六乗）回の計算速度が名前の由来だ。七〇億人が一秒間に一回計算して一七日かかる計算を一秒でできるスピードだ。

性能向上の割合が落ちてきている原因を齊藤氏は「システムが大規模化し、開発に時間と費用がかかるようになってきたから」とみている。実際、現代のスパコンは電源や冷却システムなどを含め、ビル一棟が必要な規模になっている。「京」は、二〇一八年度に運用を終え、ポスト京となる新たなスパコン開発が焦点となっている。理研の計画では、後継機は京の一〇〇倍、エクサ（一〇の一八乗）級の性能を目指すという。一八年度に着手、二〇二〇年度に利用を始めるという。開発費は一三〇〇億円とされている。

では、どうすればいいか。「菖蒲」のような小型の液浸冷却システムで、性能向上の線を元に戻す。「菖蒲」を進化させることで、二〇一七年六月に一〇ペタ、二〇一八年一一月に一エクサ級のスパコン開発が可能になるという。

二〇一六年は「プレ・シンギュラリティ元年」

齊藤氏のもう一つの問題意識は「シンギュラリティの世界が現実から飛躍しすぎていて、そこまでの連続性が一般に思い描かれていない」ということだ。たとえば、二〇三〇年ごろには、

「京」と同等の能力を持ったスマートフォンが登場しているだろう。そのときに、いったいどんなことが可能になっているだろうか。

もちろん、スマートフォンという形でのデバイスは残っていないだろう。もっと人間と一体化したインターフェースが実現しているかもしれない。実際、ハーバード大の研究者らが、生きたマウスの脳に注入し神経細胞とネットワークを形成する「柔軟な」電子機器の開発に成功したという。電子機器は網の目状で、直径〇・一ミリの針を通してこの機器を注入すると、一時間ほどで元の形に広がり、免疫反応も引き起こさないという。

人間の大脳皮質の情報処理性能をコンピューターに単純換算すると、毎秒10ＰＦＬＯＰ《ペタフロップ》程度との推計がある。人間の脳には物理的な限界があり、約一・三リットルを上回る大きさを持つことはできない。脳は睡眠によって休ませなくてはならないし疾患や変調をきたすこともある。しかし、コンピューターにはそれがない。脳と機械がダイレクトに情報を伝達するブレイン・マシン・インターフェース（ＢＭＩ）が可能になれば、脳の物理的制約が解き放たれる。「あと一〇年で、六リットルの中に世界の総人口七三億人の脳に匹敵する集積回路を収めたい」。カーツワイル氏のロードマップに従えば、一三年後にコンピューターが、人間一人の知性を超えることになっている。

スパコンが桁《けた》違いの計算能力を持ったとき、なにが起こるだろうか。そこで実現する時代を齊藤氏は「次世代スパコンによる、前・特異点（プレ・シンギュラリティ）」と位置づける。エネルギー問題から食糧、災害など、人間が直面するあらゆる課題を解決するための技術を人類が手にする時代。齊藤氏は二〇一六年を「前・特異点」元年にしたいと言った。「あの年が元年だった、と言われる年にしたい。これまで以上に新エネや省エネ、蓄電技術の進捗に関するニュースが報告されるだろうと考えている」

スパコンとエネルギー問題

東日本大震災とそれにともなう福島第一原発事故以来、日本で最大の関心事となっている電気、エネルギーについて考えてみよう。以下は、筆者の私見だ。

九州電力川内《せんだい》原発が二〇一五年八月に再稼働を始めた。ほかの原子炉も再稼働へ向け手続きに入っている。一方、ドイツはメルケル首相が二〇二二年までにすべての原発の稼働を段階的に停止し、再生可能エネルギーへの転換を加速すると発表している。二〇二五年には太陽、風力発電で国内約半分のエネルギー需要を賄うという。この政策転換について、日本国内では主に脱原発を主張する人々から賞賛の声が上がった一方、懐疑的な見方も多い。曰《いわ》く、自然エネルギーは高コストである、曰く、ドイツは原発大国のフランスから電力を輸入している、あるいは、自然エネルギーは「質が悪く」送電線で化石燃料由来の電力と混在すると、トラブルの原因となる——などだ。ただ、懐疑論が見落としているのが、技術革新だ。

齊藤氏の話に戻ろう。齊藤氏が挙げる理想は、地産地消の集合住宅や一戸にひとつあるようなエネルギー源。最有力な技術として超小型の熱核融合炉を挙げている。

ロッキード・マーチン社は二〇一四年一〇月、核融合エネルギー装置の開発で「ブレークスルーがあり、一〇年以内にトラックに搭載可能な小型の核融合炉を実用化できる」と発表した。ロイターの報道によれば、重水素と三重水素の融合反応を利用し「同量の化石燃料の一〇〇〇万倍のエネルギーを生み出せる」。五年以内に試作品をつくり、早ければ一〇年で実用の核融合炉をつくれる見通しという。

ウランなど重い元素を分裂させてエネルギーを得る核分裂に対して、核融合は、太陽のように水素やヘリウムといった軽い元素を融合させることでエネルギーを得る技術。資源がほぼ無尽蔵にあり、原理的に核分裂のような暴走を起こすことはなく、放射性物質もほとんど生じない。一方、超高温、超高圧の環境が必要で、開発には大規模で複雑なシミュレーションが欠かせない。そのため、夢の技術とも評されてきた。一九八〇年代から、平和利用を目的とした科学的、技術的な実現を目指し、米ソを中心に国際熱核融合実験炉（ITER《イーター》）という計画が進んでいるものの、いつまでたっても「あと三〇年で実現する技術」とも言われている。

ITERの経過は、いくつかの教訓となる。一九八五年の米ソの合意からスタートした計画は、建設地がフランスのカダラッシュに決まり、国際協定に署名、ようやく二〇〇七年にＩＴＥＲが国際機関として設立されるまでに、二〇年以上もの時間を要した。技術開発よりも、調整や合意に手間を取られたのだ。施設が完成し実験、運転開始予定はさらに先の二〇二〇年代である。

一方、少数精鋭のチーム、通称「スカンクワークス」が開発したとされるロッキードの成功（ロッキードの発表は「ブレークスルー」の詳細を明かしておらず、技術的課題はまだ多いと指摘されてはいる）は、多国籍で船頭が多く意思決定に時間がかかるトップダウンの計画的な研究開発よりも、開発者の好奇心や問題意識からスタートする多様で自律的な研究の方が、イノベーションが生まれやすいことを示唆《しさ》している。

次世代スパコンと「インダストリー4・0」

齊藤氏は「民間の小規模の少数精鋭により、小さな対象物をスカンクワークス的につくる。それが、小型の次世代スパコン」という。さらに、次世代スパコンの意義と必要性をこう説明する。「次世代スパコンを語るとき、京の一〇〇倍の計算能力という議論がほとんどですが、一〇〇倍高速な脳があったとしても、知性は一〇〇倍にならない。京の一〇〇倍複雑な計算が可能になるということが重要。京の一〇〇倍の複雑な計算ができれば、小型熱核融合炉を丸ごと一台、繰り返しシミュレーションできるようになる。そうすることで、仮説を立案しシミュレーションで検証し、さらに立案して――というサイクルが可能になる。熱核融合炉も、次世代スパコンでシミュレーションできるようになれば、一〇年以内に商用炉ができる」

圧倒的な計算資源が有効なのは当然、核融合炉の開発に限らない。

「京」は、心疾患のメカニズム解明を目指す心臓シミュレータ、超高解像度の大気循環シミュレーション、津波シミュレーション、有用な化合物や組み合わせを探るビッグデータ創薬などに使われている。しかし、たとえば、総数が理論上一〇の六〇乗になるという化合物を計算する際、一秒に一〇の一六乗個の計算をしたとして、一〇の六〇乗個すべてを計算するには、一〇の三六乗年もの時間が必要と推計される。京をもってしても、計算能力への需要はまだまだ満たせていない。

二〇一二年にドイツのボッシュ社などが「インダストリー4・0」という計画を政府に提出した。1・0はよく知られている一八世紀の蒸気機関の発明による工業化、第一次産業革命。2・0は二〇世紀初頭の電気による大量生産。そして、3・0は一九八〇年代以降のコンピュータによる自動化を指している。インダストリー4・0、あるいは二一世紀の産業革命では、工場が「モノのインターネット」（IoT）で完全自動化され、品質管理や工程改善で生産性の劇的な向上、コストの激減を目指す。それが世界中で同時多発的に起き実現するとすれば、モノの再生産の費用がゼロに近づく社会の到来だ。ＩｏＴ市場は二〇一五年に二七〇兆円、二〇二〇年には七一〇兆円とも推計されている。そのとき、九〇億ものデバイスがインターネットにつながっているという。それらＩｏＴデバイスが集めるデータを価値ある情報にするには、圧倒的な計算力が必要になる。

だから、次世代スパコンには絶対的な性能として、京の一〇〇倍は必要だ。さらに、ＴＯＰ５００で世界一を目指す。しかし、京や中国の「天河」のような巨大な施設は、非現実的でもある。スパコンが国力を左右すると言っても、あまりに巨額の費用では、世論は受け入れない。「低電力で圧倒的に小型化すれば、汎用性と使い勝手も向上する。スパコンは一〇年単位で技術刷新されているが、ＩＴ技術の進歩は速い。二〜三年で技術刷新できるようになる。価格も１ペタあたり三〇〇〇万円まで下げれば、中小企業や大学でも使えるようになる」（齊藤氏）。音が静かだから、室内やオフィスに置くことができる。

いまのコンピューターでは巨大なビル一棟にもなる計算力が個人の手のひらに収まる時代、パーソナルに近いエクサ、ペタ級のスパコンが実現したとき、どんな世界になっているだろうか。

一方で齊藤氏は、日本でのシンギュラリティに関する議論の少なさと理解の低さに懸念も持っている。価値観の問題でもあるが、東京オリンピックに伴い新設される新国立競技場の建設費は、一五〇〇億円と見積もられている。一五〇〇億円があれば、ポスト京のスーパーコンピューターを開発できるし、民間版のポスト京なら五台つくることができる。

最後に、齊藤氏の言葉を記録しておこう。

「エネルギーや食糧、災害などまず、現実に目の前にある課題を解決しなければならない。シンギュラリティの脅威論、ディストピア論はある意味しょうがない。われわれは、奇跡的なタイミングに生きている。現生人類と新生人類の橋渡しとなるような、(現生人類の次の人類となる) 新生人類の最初の世代です。

これから三〇年の間に、人類史上に残る多くのブレークスルーが同時多発的に起こるでしょう。技術的、革命的な事象が連続し多発する、まったく新しい状態に移行するのです。その入り口、宇宙と生命のビッグヒストリーの入り口にわれわれはいる。科学技術・情報技術が極限まで発達し、生産性が無限に高まり、医療も劇的に進化する。計算上は、八〇〇立方センチに、人間一人の脳のニューロンとシナプス相当の機能を収めることが可能になります。コンピューターの進化は、収穫加速の法則のごく一部でしかない。ほかの技術革新と同時、複合的、重層的に相乗効果を獲得していくでしょう」

近づく「脳の完全再現」

二〇二五年には、人間の脳を完全にコンピューターで再現できる――と考えられ始めている。人間の脳は、無数の神経細胞とそれを結ぶシナプスのネットワークそのものが、並列処理的に五官から入力される情報を処理し、自然言語やイメージ、パターンの認識などの知性や感情を実現している、と考えられている。わずか三〇ワット時ほどのエネルギーで動き、現在のスパコン以上の性能とされる。脳のリバースエンジニアリング（脳の再現）が完成すれば、小型で省電力の情報処理装置が可能になるかもしれない。さらに、人間のような汎用人工知能（AGI）をつくることも視野にあるという。

脳の機能解明はこれまでも試みられてきたが、脳はあまりに複雑で、その試みはいつしかたち消えてきた。しかし、再び風向きが変わりつつある。やはり、機械性能の向上が背景にある。

二〇一三年八月、理研がスーパーコンピューター「京」を使い、一七億三〇〇〇万個の神経細胞が一〇兆四〇〇〇億個のシナプスで結合された神経回路のシミュレーションに成功した、と発表した。このシミュレーションには、京のすべての計算能力、約七〇万個のCPUコアを使用。シミュレーションは、ヒトの脳の神経回路一パーセントの規模、小型霊長類のサルの全能の規模という。理研は「ヒトの脳の神経回路の全容解明に向けた第一歩。ヒトの脳の学習機能などを精密かつ自在に表現するシミュレーションの開発につながる」としている。

アメリカでは二〇一三年二月、オバマ大統領が一般教書演説で「ヒトゲノム解読への投資は一四〇倍になって返ってきた。現在、研究者は脳の地図をつくろうとしており、それによってアルツハイマー病も克服することができる。脳科学を推進し雇用を創出する時だ」と述べた。続く四月、研究プロジェクト「BRAINイニシアチブ」を発表した。イニシアチブでは、すべての神経細胞のすべての活動を記録し、脳機能を理解するための技術開発などを目指すという。これによって、脳研究が再び脚光を浴びることになった。究極の目的は、ナノテクノロジーや工学によるアルツハイマー病や癲癇《てんかん》など脳神経疾患の治療や予防という。

その前段階として、二〇三〇年ごろまでに、マウスの大脳皮質の神経細胞からのデータ収集を目指している。ちなみに、線虫の脳は、三〇〇個の神経細胞と七〇〇〇の接続と言われている。国立衛生研究所やDARPA（防衛先端技術研究計画局）などが合わせて一億ドル以上を支出。さらに民間研究所も参画するという。

一方、EUも、二〇一三年一月にヒューマン・ブレイン・プロジェクトを採択し、同年から一〇年で一二億ユーロ（一五〇〇億円）を投資するとしている。

現在のノイマン型コンピューターは、命令を順番に処理していく逐次処理だ。しばしば、CPUは脳にたとえられるが、実際の動作は人間の脳とはまったく異なる仕組みで動いている。

そこで、ノイマン型の逐次処理ではなく、省エネで超並列コンピューティングを実現する脳型チップの研究開発も進んでいる。

ＩＢＭはすでに、ＳｙＮＡＰＳＥ（シナプス）というチップを発表している。脳の仕組みを模倣した「コグニティブ・コンピューティング・チップ」と呼んでいる。「経験から学習し、ものごとの相関関係を見つけ、仮説を立て、記憶していく」という。

一般社会と研究者との隔たり

人間が行う複雑なタスクを実行し、将来や未来を相当な精度で予測する。適切な意思決定を支援し、社会合意をつくる。実現してしまうと実感がわかないものの、人工知能研究の派生技術は、すでにとてつもないレベルに達している。ボードゲームからスポーツの戦略立案、さらに複雑で人間の手にも負えないようなタスクを解決する「弱いＡＩ」がいくつも実現し、それらはさらに改良され進歩を続けていく。二〇二〇年の東京オリンピックまでには、空港や競技場、大規模施設など限られた範囲内では、自動運転が実用化されているだろう。それから数年経てば、リアルタイムの翻訳も実現されているだろう。

それにしても、私を含め一般に理解される「人工知能」と、研究者や開発者が手がけている「人工知能」との間には、やはり大きな隔たりがある。もちろん、研究者は人間のような汎用人工知能（ＡＧＩ）や超人工知能（ＡＳＩ）を究極の目標ともしているが、そこへ至るゴールはまだまだとてつもなく遠い。私も含め、一般の人間が期待するのは、アトムであったりドラえもんであったり、あるいは意識で操作するガンダムであったりする。

特に、日本の人工知能研究の第一世代、現在六〇歳前後に近い人は、ブームの盛り上がりと過剰な期待に応えられずに失速した過去の経験がある。高い山の次には、深い谷が待っているのだ。それだけに、研究費を集めやすくなったという実利もさることながら、自分の好奇心や問題意識を詰め込んだ研究が注目されることは歓迎しつつ、過剰に盛り上がるブームには警戒感もあるようだ。

人工知能は育ててつくる

本章の冒頭で、人類史上最大のイノベーションの一つは、言語の獲得だと捉えた。現実世界との相互作用の中で、言語の意味を理解する機械技術はまだない。知能とは脳のような物質ではなく、情報処理の動きそのものだ。脳の情報処理能力に匹敵する機械ができたとしても、人間のような知性的振る舞いを実現するには、人間が学習する仕組みをアルゴリズムにしなければならない。

人間の脳は、わずかな経験や学習（データ）で推論できるが、現在のところコンピューターは人間が整理した膨大なデータがないと学習できない。ニューラル・ネットワークは、データがなければただのネットワークだ。機能させるには人間が大量のデータを読み込ませて「学習」させ、脳で言う信号の強弱を最適化する必要がある。人間が一を聞いて十を知るのなら、機械は一テラを聞いて十を知るようなレベルだ。だから、世界中の企業が大量のデータを集め、整理することに必死となっている。

では、どうすれば、一般にイメージされる人工知能が実現できるのだろうか。

「育てる」という方法がある。人間は五官をすべて動員して、現実世界や環境と相互に作用し、「学習」している（こうした情報のやりとりは「マルチモーダルなインタラクション」と言われている）。ならば、こんな相互作用の仕組みが、どのように実現されているのか、知らなければならない。この仕組みがわかれば、それをアルゴリズムで書くこともできる。

汎用的に学習できる「強いＡＩ」をつくり、それを進化させるのはどうだろうか。まず、線虫と同じ程度の脳を模倣するハードウェアをつくり、それを改良、複雑化させる。知能に関して原理や仮説を立て、実際にロボットをつくって動かし、仮説を検証することを繰り返す。こうした構成論的アプローチで、人間の知能の本質に迫ることが可能、とする考え方がある。

この知能の本質、ロボットと身体性については第六章にまとめる。その前に、政府や中央銀行といった管理者がいない通貨、ビットコインなどの暗号通貨、機械が人間の仕事に与える影響について考えてみたい。暗号通貨は分散型の仕組みと社会・参加者の協調によって成り立っている。それが、機械知能とどう関係するのか。

第四章　ビットコインに見る管理者無用の分散型世界

「ビットコインは最も基本的なレベルで、コンピューターサイエンスにおけるブレークスルーである。世界中の何千もの研究家たちによる、暗号学に関する四〇年の研究と、暗号型の通貨に関する二〇年の研究の成果である。

ビットコインは、インターネットのユーザーが、デジタル財産を転送することを初めて可能にした。取引は安全であり、だれもがそれを確認でき、だれも正当性を疑わない。このブレークスルーの重要性は、どれだけ誇張しても誇張しすぎることはないだろう」

――マーク・アンドリーセン "Why Bitcoin Matters"（「ニューヨーク・タイムズ」ウェブ版、二〇一四年一月二一日）より（マーク・アンドリーセンはウェブブラウザ「モザイク」「ネットスケープ」の開発者）

「オタクが夢中の怪しいモノ」

協定世界時（日本はマイナス九時間）の二〇〇九年一月三日午前九時一五分〇五秒。ひっそりと、世界中のだれにも注目されることなくインターネット上に「genesis block」（ブロックの起源）が生まれた。

ちょうど、前年にあったリーマンショックで、世界的な金融危機が起きていた。この日の英タイムズ紙には「Chancellor on brink of second bailout for banks」との見出しが躍っている。

英国の首相が、市中の資金を循環させるため、銀行の救済策の第二弾を迫られている、という内容だ。

こんな日に生まれた「ブロックの起源」こそ、暗号通貨ビットコインの最初の記録台帳、#（ナンバー）1のブロックである。

それからさらに一年半ほど経った二〇一〇年五月二二日。Tech Crunchによればアメリカ、フロリダ州にある人口八〇万人ほどの都市ジャクソンビルで、二枚のピザと一万ビットコイン（通貨単位はＸＢＴあるいはＢＴＣ）が交換された。ビットコインが初めて、モノやサービスと交換する価値をもった瞬間だった。ちなみに、一万ＸＢＴは現在（二〇一七年一月）の価値で約九〇〇万ドル（一〇億円）。史上、最も高価なピザとされている。

もっとも、この新しい「通貨」はその後も、ごくごく一部のマニアのものであった。一般に認知されるには、いくつかの不幸なニュースが起きることが必要だった。

一つ目は、初期に違法取引に使われたこと。二〇一一年六月、アメリカでダーク・ウェブと呼ばれる暗号技術を使って違法薬物を売買していた「シルクロード」というサイトで、ビットコインが決済に使われていると報道された。

もう一つは、二〇一三年三月、キプロス共和国であった金融危機だ。ユーロ圏がキプロスに金融支援をする条件に、預金課税や引き出し制限（預金封鎖）、海外送金を規制したことで、預金者が銀行に殺到する事態になった。この際、資金逃避の道具としてビットコインが使われたらしい。電子データであるビットコインは、金や宝石類よりも売買や保管が簡単で、容易に国外に持ち出せる点が好まれたようだ。

キプロス危機により、それまでせいぜい一XBT数十ドルで取引されていたビットコインは、一気に一〇〇ドルを超え、時価総額も二〇一三年三月、一〇億ドル（一〇〇〇億円）を超えた。さらに中国でのブームなどを経て価格は急上昇し、一時一XBT一二〇〇ドルまで上昇する。

日本では二〇一四年二月、株式会社MTGOXが運営する世界最大の取引所「マウントゴックス」が、ハッカー攻撃を受けたとして取引を停止し、経営破綻。その際、一般メディアで連日報道され、ビットコインなるものへの一般の認知が広まった。

MTGOXはこの後、元CEOが業務上横領容疑などで逮捕されている。マウントゴックスの「ビットコイン消失事件」は、元CEOによる驚くほど単純で幼稚な犯罪だったとみられる。しかし、この事件は、日本でのビットコインの認知度を高めることにはなったものの、ビットコイン＝MTGOXのようなイメージがつきまとい、元CEOのおたく風の容貌《ようぼう》と相まって、ねずみ講やマルチ商法と同じたぐいの、「オタクが夢中の怪しいモノ」というイメージで一般に広まってしまった。

マウントゴックス事件以後、日本では、リクルートやネット関連企業のGMOなど大手企業が出資する取引所がいくつか運営されている。とはいえ、ビットコインはまだ決済に使える場所は少なく、高いボラリティ（価格変動幅）から、取引している人のほとんどは投機目的か、将来価値が上がることを見込んでの貯蔵とみられている。もしくは、既存の国家や法定通貨、通貨発行システムへ反感を持つ、アナーキズムのような思想からかもしれない。

ビットコインはその後、中国当局による規制や技術的課題がクローズアップされて急落。二〇一七年初頭に一XBT＝一一〇〇ドルを超えたが、わずか二週間で八〇〇ドルにまで暴落した。変わらず、高いボラリティを見せている。エディやスカイのような電子マネーのように一般に使われる、将来にもそうなる可能性は分からないが、いずれにせよ、時価総額一兆円のエコシステムができあがっている。

広がるビットコインの市場

一方、世界では、ビットコインやそれを支える基幹技術であるブロックチェーンへの投資が年々増大している。

銀行を使って海外送金をすると数千円の手数料がかかる。すでに、ビットコインを使った途上国への送金サービスが事業となり、少額の決済にも使われている。途上国には銀行口座を持てる人が少なく、それが何か仕事を始めたり事業を起こしたりすることの障害となっているケースがある。そうした人が、ビットコインの財布（ウォレット）を銀行口座代わりに使えるようになっている。

まだ一般には広がっていないが、ビットコインとブロックチェーンが将来、インターネットの登場と同じくらい社会を変える可能性があるとも考えられている。

ＭＩＴメディアラボの伊藤穰一《いとうじょういち》所長は、自身のブログで「Bitcoin とインターネットの類似点と相違点」と題して次のように記している。全文を読んでいただきたいが、ここでは一部を引用する。

「二〇年前、広告会社、メディア企業そして銀行への講演で、インターネットがどれだけ重要になり、劇的な変化をもたらしていくかを説明したことがあった。（略）ほとんどの人はインターネットが商業およびメディアをいかに根幹から変えることになるかを想像できてなかった。これら大企業には、自分たちがインターネットについて何かしら学ぶ必要がある、ないし、インターネットが自分たちの商売に影響するだろう、と考える人はいなかったのだ。講演での反応はぽかんとした顔やいびきがほとんどだった。

（略）ブロックチェーンは銀行業、法律そして会計業にとって、メディア、商業および広告業にとってのインターネットに相当する変化をもたらす気がしている。ブロックチェーンはコストを削減し、ビジネスの様々なレイヤーでの中抜き効果をもたらし、摩擦要素を軽減することだろう。そしてご存知のように、ある者の摩擦は他の者の実入りになるのだ」

ところで、ただのデジタルデータに過ぎないビットコインがなぜ価値を持つのだろうか？「ビットコインなんかに投資するのは、どうかしているのではないか」という疑問を持つ人もいるかもしれない。

では、逆に考えてみよう。なぜ、金（ゴールド）は価値を持っているのか？　世界はとっくに「金本位制」を捨て去った。各国の通貨は、ゴールドの保有量に関係なく発行されている。

確かにゴールドは美しく輝いている。金属アレルギーも起こさないから、身を飾るのに最適な素材だ。ハイテク製品に欠かせない資源でもある。でもそれだけなら、レアメタルやレアアースと大して変わらない。

ゴールドの価値は、貯蔵や分割・合成、運搬が容易という特性にある。そしてなにより、みんなが価値のあるものと考えている点にある。比較的簡単にドルや円、ユーロといった法定通貨と交換できる。そして、ここがビットコインと通じるところであるが、中世から多くの山師や科学者がゴールドを人工的につくろうと錬金術にのめり込んだにもかかわらず、実現できていない。埋蔵量が有限だから、ゴールドは稀少だ。

ビットコインも同じだ。ハードディスクにデータを入れたり、紙にＱＲコードとして印刷したりすることで貯蔵できる。分割はもちろん簡単で（ビットコインを操作する際に、分割することなど意識しないが）、さらに法定通貨よりも移動や運搬が簡単だ。インターネット環境さえあれば、理論上一〇分で送金が可能だ。そして、偽物をつくることが事実上、不可能であり、発行上限が決まっているから希少だ。

ビットコインのネットワークに参加し、報酬を得ることを「採掘」（マイニング）という。ビットコインは文字通り、ゴールドの代替品になっている。

私たちは、日常的にゴールドを決済手段としては使っていない。せいぜい、アクセサリーか、リスク回避あるいは貯蓄の手段として金積立商品を買うとか、その程度のものだ。

ビットコインが最初に注目された一つの出来事を思い出して欲しい。キプロスの銀行がギリシャ危機のあおりで債券や融資に不良資産が発生し、ＥＵやＩＭＦに支援を要請したことが発端だ。この際、ＥＵは、預金者にも負担を求めるという支援策を決め、預金者が銀行に殺到することになった。

政府や中央銀行が、輸出産業のために金融を緩和し、マイナス金利を導入し円安に誘導するということは、私たちが持つ円資産がドルやユーロ、ゴールドに対して割安になるということだ。日本国債の発行残高はかつてない規模になっている。専門家でも国債残高の評価は分かれているから、これからどんな影響があるかは予想しにくい。ただ、日本で預金封鎖があったのは、国債発行残高が膨れあがった一九四四年と、戦後のインフレによる新円切替が実施された一九四六年の二回。つい七〇年前のことにすぎない。法定通貨がいつも安全とは限らない。

　ビットコインに戻ろう。ビットコインの中核技術であるブロックチェーンが代替するのはマネーやゴールドといった価値だけではない。契約や承認・証明、署名、果ては意思決定まで、応用範囲が果てなく広がる可能性がある。なぜそう言えるのか、まずはそもそもビットコインの仕組みを簡単におさらいしてみよう。

ビザンチン将軍問題

　私を含む一般人が抱く最も大きな疑問は、だれがいるかも分からないネットワークで、価値をやりとりして安全なのか、ということだ。中央の管理者がいないのに、なぜ間違いのない安全な取引が可能なのか。

　私たちが銀行のＡＴＭを使って送金するとき、送金額と送金先の情報を入力する。すると銀行は私の預金記録から送金額をマイナスし、送金先の銀行に送金情報を伝える。銀行間で決済が済めば、送金先の銀行は送金を受けた人の記録に送金された金額をプラスする。これは、銀行という管理者がいるから実現できている。管理者同士が責任を持って決済し、送金の情報を記録するから、不正が起こることもほぼない。

　管理者のいないネットワークなら、嘘《うそ》のデータを送って二重払いしたり、受けてもいない送金を受けたことにしたりできるのではないか。

これら不正を防ぐタスクと解決するアルゴリズムとして、ビザンチン将軍問題に触れたい。かつて、ヨーロッパにビザンチンという帝国があった。独立して分散している将軍たちがいて、それぞれ軍団を率いていた。帝国はある都市を攻撃したいと考え、包囲した。問題は、将軍が全員一致して同じ行動を取らなければならないということだ。総攻撃しなければ勝つことはできず、攻撃しないのなら撤退しなければならない。全体に命令を出せる中央司令官がいるわけではないので、将軍たちに命令を発して行動をとらせることはできない。将軍たちは互いにメッセンジャーを派遣し、意思を確認し合意を目指している。

ここで問題が起こる。裏切り者がいるかもしれないということだ。嘘のメッセージに翻弄され全員が一致した行動を取れなければ、帝国はあえなく敗走してしまう。

仮に五人の将軍がいたとする。Aは「攻撃」、Bも「攻撃」、Cは「撤退」、Dも「撤退」と考え、それぞれが互いにメッセンジャーを派遣した。最後のEは、AとBに対しては「撤退」、CとDには「攻撃」と伝えた。多数決によりAとBは「攻撃」二対「撤退」三で「撤退」、CとDは「攻撃」三対「撤退」二で、「攻撃」に決まったと考える。そのまま行動に出てしまえば、それぞれバラバラの行動となり、帝国は敗れてしまう。

中央から指令を出すことができず、裏切り者がだれで何人いるか分からず、全員が散り散りで一堂に会せない場合、多数決によって全一致の行動を取るという結論を出すことができるだろうか？

これは合意形成に関する課題として、ビザンチン将軍問題といわれ、一九八〇年代に定式化された。

五人の場合、裏切り者が一人であれば、それぞれが二回メッセージを交換することで、だれが裏切り者か分かる。それぞれが一回目の通信内容を再度、それぞれに送り合うわけだ。

Aは一回目の通信で、「A攻撃、B攻撃、C撤退、D撤退、E撤退」というメッセージをやりとりした。この一回目のメッセージ内容を、二回目のメッセージ交換で、それぞれが伝え合えばよい。そうすると、

A「A攻撃、B攻撃、C撤退、D撤退、E撤退」
B「A攻撃、B攻撃、C撤退、D撤退、E撤退」
C「A攻撃、B攻撃、C撤退、D撤退、E攻撃」
D「A攻撃、B攻撃、C撤退、D撤退、E攻撃」
E「A攻撃、B攻撃、C撤退、D撤退、E攻撃もしくは撤退」

というメッセージがそれぞれ交換される。これを見ると、EがAとB、CとDそれぞれに嘘を言っていると分かる。裏切り者はEだ。

P2Pで確保された取引の真正性

これをピア・ツー・ピア（P2P）という分散型のコンピューター・ネットワークで実現したのが、ナカモト・サトシ（中本哲史）と名乗る人物が、二〇〇八年に暗号に関するメーリングリストにポストした論文だった。

P2Pネットワークについても、日本では一般にあまり評判がよくない。おそらく、二〇〇二年にリリースされたファイル交換ソフト「ウィニー」を開発した東大の研究者が、著作権侵害の幇助罪で逮捕されたことが影響していると思われる。当時からP2Pネットワークについて多くの研究者が技術的可能性を指摘していたし、研究者は裁判で無罪が確定したが、一度ついたイメージを払拭するのは難しいようだ。

ナカモト氏については、何度も正体探しが行われ、らしき人物が何人も挙げられたが、まだだれかは分かっていない。ただ、ナカモト氏がだれか、というのは好奇心が惹《ひ》かれる話題ではあるが、もはや重要な問題ではない。要は、ネットワークを管理し把握する中央機関がなくても、取引の真正性が確保され、現実に価値の送受信が行われているということだろう。

ビットコインには、ウォレット（財布）アプリがいくつもあり、ウォレットには固有の、人間が読んでも意味不明な文字列が対応している。この文字列をアドレスと呼び、取引の際に使用する。

ビットコインでは、送金や受け取りの取引記録はすべて、ブロックチェーンと呼ばれるデータベースに記録されていく。文字通り、ブロックがチェーンのように数珠つなぎになったイメージだ。

たとえば私が、Ｘというアドレスに一ＸＢＴを送金したいとして、アプリを操作する。Ｐ２Ｐネットワークにあるコンピューターは、ブロックチェーンをさかのぼって、私が本当に一ＸＢＴを所有しているか、二重や架空の送金ではないかを確認し、問題がなければ承認されることになる。

以下の記述は、日本デジタルマネー協会フェローの大石《おおいし》哲之《てつゆき》氏の『ビットコインはどのようにして動いているのか？』（tyk publishing）をベースに、ウェブ情報などを加筆している。ビットコインの基本的な技術的な仕組みについて知りたい方は、まずこの書籍をおすすめする。

送金など取引の際、Ｐ２Ｐネットワークに参加するコンピューターが行っているのは、関数の計算だ。関数は入力と出力が対応する計算式で、単純なものであれば「Ｘ二乗＝Ｙ」と表される。Ｘが一ならＹは一、Ｘが二であればＹは四となり、逆算も可能だ。Ｙが九なら、Ｘは三と簡単に計算できる。常に、入力と出力が対応しているし、この程度であれば逆算も簡単だ。ただ、逆算が事実上、不可能な関数がある。ビットコインで使用されているハッシュ関数SHA－256というのもその一つだ。二〇〇一年、アメリカの国家安全保障局NSAが採用した。どんな数字や文字列を入力しても、256ビット（桁）の出力がある不思議な関数だ。

「1」と入力しても、「abc」と入力しても、必ず二五六桁の文字列が出力される。

出力された文字列は、人間には意味不明だ。しかし、関数なので必ず入力と出力は対応している。逆算するのは理論上可能でも、現実的には不可能だ。およそ一〇の八〇乗のパターンを力まかせで総当たりしなければならないという。これはチェスの全局面を解き明かすような作業である。

ブロックチェーンは、P2Pネットワークにあるコンピューターによって維持される取引の記録、台帳、データベースだ。どれも必ず同じで、同期されていなければならない。ブロックチェーンは、このハッシュ関数によって出力された値が記録されている。これが、ブロックチェーンが改竄《かいざん》不能とされる根拠の一つだ。

銀行も注目する決済システム

ビットコインでよく使われる「採掘」（マイニング）というのは、取引を承認するための計算資源を提供することだ。その報酬として、承認されたトランザクション（取引）をまとめたブロックが生成されるたび、ビットコインが新規に発行され、採掘者に支払われる。

新しい取引を承認するためにブロックを生成する際には、コンピューターはあらかじめ設定された値を得られるまで、総当たりの計算を繰り返す作業を行う。この入力パターンはおよそ四〇億通りとされている。いずれかのコンピューターが、あらかじめ設定された値を突き止めると、そのコンピューターにはブロック生成の報酬が与えられる。これが採掘（マイニング）と呼ばれる仕組みだ。ほかのコンピューターは、その計算を検算し、過去のブロックと齟齬《そご》がないかを確認していく。

こうして、取引は承認される。すると、チェーンに新しいブロックが追加され、その情報はP2Pネットワークに参加しているすべてのコンピューターで共有され、次のブロック生成のための計算競争がまた始まる、ということを繰り返している。

ビットコインの取引が理論上、一〇分以内で終わるというのは、ブロックの生成が一〇分に一個になるよう調整されているからで、また、このために必要な計算量が採掘難易度と呼ばれている。

ビットコインの発行総量は二一〇〇万と決められている。ブロック一つにつき当初から二一万ブロックまでは五〇XBT、現在、二一万ブロックから四二万ブロックまでは二五XBTの報酬が採掘者に支払われる。以降、二一万ブロックごとに報酬は半減し、六九二万九九九九番目のブロックで、報酬は最小単位である〇・〇〇〇〇〇〇〇一XBTになり、それ以上、ビットコインは新規に発行されなくなる。この時期は、二一四〇年ごろと見積もられている。以降、ゴールドと同じように、採掘されたビットコインだけが流通することになる。その後は、取引時の手数料のみが採掘者への報酬として支払われる。

もちろん、これらの手順はスマートフォン・アプリや取引所のウェブページから数クリックで完了するから、ユーザーがこうした手順を意識することはない。ユーザーにとっては、それほど難しいことを意識せず、価値を送受信できるようになっている。

これに対して、銀行の決済システムは中央管理型だ。いくつものバックアップとセキュリティを守るための多重防護策が敷かれ、そのために複雑で巨大なシステムとなっている。私たちがATMに入金した現金はそのものが振込先に運ばれるわけではない。振込元の銀行と振込先の銀行間で決済され、それぞれの送信者と受信者の台帳がプラス、マイナスされているだけだ。日々、膨大な決済を精確に処理するため、銀行はこうした勘定システムの維持やメンテナンスに多大なコストを支払っている。

ブロックチェーンは、これまで簡単に説明したように、台帳であるブロックチェーンがP2Pネットワークに参加するコンピューターによって保管、同期され、ネットワークの一部が欠けても、全体としては問題なく機能するようになっている。そのため、中央集権型のシステムよりも設計や管理が簡単で、銀行に比べて信頼性がない企業やベンチャーであっても、ネットワークが真正性を保証するので、資金や価値の決済、移動を容易に行うことができると考えられている。

ブロックチェーンには、銀行も関心を示している。本章冒頭で触れたように、フィンテックの中核技術となる可能性があるからだ。三菱ＵＦＪフィナンシャル・グループが二〇一七年度、独自の暗号通貨「ＭＵＦＧコイン」を発行する計画が明らかになっている。ブロックチェーン技術を使ったより使い勝手のよいコインの開発を目指すという。また、地域通貨にブロックチェーンを利用しようという構想もＩＴ企業で進んでいるようだ。

「匿名性が高い」という誤解

ビットコインが使用された犯罪がニュースになると、しばしば「匿名性の高いビットコインを使い……」と形容されるが、これは間違いだ。ビットコインの匿名性はせいぜい、現金とクレジットカードの中間程度でしかない。ビットコインの取引履歴は、二〇〇九年の最初のブロックからすべて記録され、だれでも確認することができるようになっている。ウォレットは匿名でつくることができるが、ドルや円に換金しようとすれば、いずれかの取引所を経由する必要がある。

個人間の取引は可能だが、ビットコインと法定通貨を、怪しい人と取引する善意の人はあまりいないだろう。取引所はどこもアカウントを作成する際に本人確認をしている。取引所に架空の身分確認証を提出してアカウントを作成できるスキルがあれば、銀行でも架空口座をつくることができるわけで、それはビットコインの問題ではない。もちろん、取引所の本人確認がどの程度、厳格かにもよるが。

一方、ブロックチェーンにもいくつかの技術的課題がある。大きなものは二つある。

一つは、「五〇パーセントアタック」といわれている問題だ。採掘作業は、もはや一般のパソコンを使った個人では参入できないほど巨大化し、企業が事業として行うような作業となっている。最も活発なのは中国で、全マイナーの七割以上を占めているとされる。彼らは、専用の採掘機器をいくつもつなぎ、さらにマイニング・プールと呼ばれる共同採掘場を組織している。

マイニング・プールは、単体の事業者では効率が悪いので、採掘業者が集まり、だれかが採掘できればプールの参加者で報酬を分け合おうという方法だ。しかし、いくつかのプールが巨大化し、ネットワーク全体の五〇パーセントを超える計算資源を確保してしまうかもしれないということが現実化する場面が過去にあった。ネットワーク全体の五〇パーセントを超える計算資源を持つことができれば、嘘の情報を承認させることも可能。つまり、嘘のブロックを生成し、チェーンをつなげることが可能ということだ。こうなれば、ビットコインの信頼性は完全に崩壊する。

また、取引が増大するにつれ、理論上一〇分以内で完了するはずの承認が、数時間もかかってしまうケースがでている。一ブロックのサイズは現在1メガバイトで、これを引き上げようという動きがある。しかし、ブロックサイズを引き上げると、一ブロックで処理される取引が増えるが、採掘者への報酬が相対的に減少することになり、ビットコイン技術開発者やマイニング事業者の間で合意できない状態が続いている。

中央管理者は不要

ビットコイン以外にも、暗号通貨と呼ばれるものは数百あると言われている。メジャーなところでは、ライトコインやドージコイン、取引の匿名性を確保したダッシュなどが挙げられる。

実は私は、マウントゴックス事件が起こる前に、無料のマイニング・ソフトを使い、ＰＣマイニングに挑戦したことがある。当時でも、ＰＣマイニングではほとんど採掘はできず、電気代を考慮すると赤字であり、保有していたビットコインはそのまま放置していたし、いまも放置している。

もちろん、価格が上昇すればそれに越したことはないのだが、マウントゴックス事件以後、日本でもビットコインに関する論考やニュースが増え、それらに触れていくうちに、ビットコインの金銭的価値以上の可能性を考えるようになった。これまで述べたように、ビットコインは、中央の管理者がいなくても、独立し分散したコンピューターによって、正しい情報や価値を交換し、それを承認し、承認された合意は改竄できないという技術だ。

大げさに言えば、国家というものができて以来、なにかの取引には中央銀行が発行した貨幣が使われ、あらゆる契約や証明の承認、実行にはかならず政府や地方自治体を必要としてきた。行政は常に肥大化していく。それほど大げさな話ではなくとも、価値の取引を安全、確実に実行し、合意を改竄することが不可能というブロックチェーンは、金銭的価値の取引に限らず、さまざまなことに応用できそうだ。

なんらかの契約をブロックチェーンに記録し、約束が果たされるか期限が来たら契約を実行する。なにかの所有権を記録する……現在、私たちが中央機関である役所や裁判所を通して行っていることの少なくない部分を代行する技術的基盤はできつつある。それは、巨額の事業費をかけて行われたマイナンバー制度より、はるかにスマートでクールな解決方法ではないか。

そんな可能性を感じさせる一つが、ビットコイン２・０の大本命と言われる、Ethereum（イーサリアム、エセリウム）というプロジェクトだろう。

一九世紀まで、「エーテル」（ether）という仮説があった。エーテルは空間に充満していて、光や力を伝える媒体となっているという考えだ。現在では否定されているが、LANで使用されるイーサネットの語源となっている。

Ethereumは、「ワールド・コンピューター」をつくろうというプロジェクトだ。ネットワークにつながるコンピューターを一つのコンピューターのようにし、その上で、さまざまなアプリケーションを実行できる。アプリを開発する技術があれば、だれでもブロックチェーンをつなぐことに計算資源を提供することで、「Ether（イーサー）」という暗号通貨を報酬として受け取ることができる。日本でもサービスを提供している海外ベースのビットコイン取引所もイーサーを扱うところが増えている。

予測市場に賭博罪は成立するか

ブロックチェーンを使った契約の証明、承認、合意とはどんなものだろうか。集合知と呼ばれる力や、それを具体化した予測市場を例に考えてみたい。

厳しい選抜をくぐり抜け最高の教育を受けた超エリートたちが運営したはずの計画経済は破《は》綻《たん》し、ソ連は崩壊した。イラクに大量破壊兵器はなかったにもかかわらず、アメリカはイラクに攻め込み、現在に至るイスラム国やシリアの大混乱を招いている。

日本を代表するある電機メーカーは、過大な決算目標を要求する一部の幹部に逆らえず粉飾決算に手を染め、事業を一部、外資に買い取られる結果になった。こうしたケースは枚挙にいとまがない。一人の人間は思い込み、都合のいい情報だけ選択し、予断を持ち、判断を誤る「確証バイアス」に囚《とら》われている。

確かに、平社員ならいわずもがな、平取締役が、絶大な権限を持っている経営トップの意見に逆らうようなことは言えないだろう。

エリートやリーダーが愚かなのではなく、リーダーにだれもモノを言えなかったから——日本語にも「裸の王様」という言葉があるように、取り巻きは優秀であればあるほど、トップの意向を忖度《そんたく》し、精確な情報をあげようとはしない。

「予測市場」の仕組みがあれば、こうした問題は起こらなかったかもしれない。少数のエリートや専門家より、多数の非専門家による予測や意思決定、合意形成の方が優れているという論考がある。それを実現するのが予測市場という仕組みだ。

予測市場とは、不特定多数の参加者が、株式・先物市場のように将来の出来事——次のアメリカ大統領は誰かといったこと——を予測する仕組みのこと。少数の専門家の予測より、専門家ではない多数の群衆による予測の方が精度が高い、とも考えられている。

ところが、これを実現するには問題がある。

日本では、日本全国にパチンコ店があり、あけっぴろげに換金行為が行われている。にもかかわらず、奇妙なことに、日本には賭博《とばく》を禁じる法律がある。

日本で予測市場を実施したり、あるいは参加しようとしたりする場合、障害となりそうなのが、この刑法の賭博罪だろう。

賭博罪では一般に、少額の食事やモノ、金銭であっても少額で「一事の娯楽に供する物」を賭けたときは、摘発対象とされていない。実際に摘発対象となるのは、競馬など公営競技のノミ行為、野球賭博、裏カジノや常設の賭場など非合法の施設で、暴力団などが関与している場合がほとんどだ。こうした場合、主催者には賭博場開帳図利罪が適用され、また客も常習賭博罪に問われることがある。

インターネットが普及してからは、海外にサーバーを置くようなオンラインカジノを利用することは違法か合法か、あるいはグレーゾーンか……と長く論争があった。これについては、カジノ研究者や弁護士が協力し、民主党（当時）の階猛《しなたけし》衆院議員が二〇一三年一〇月、「賭博罪及び富くじ罪に関する質問主意書」で政府の見解をただしている。

政府見解は「一般論としては、賭博行為の一部が日本国内において行われた場合、賭博罪が成立することがあるものと考えられ、また、賭博場開張行為の一部が日本国内において行われた場合、賭博場開張図利罪が成立することがあるものと考えられる」と、ほぼ社会通念に沿った内容であった。

そうであれば、予測市場を実施することも参加することも、違法となる可能性がある。しかし、分散型の予測市場には、開帳者つまり胴元が存在しない。したがって手数料、いわゆる寺銭も発生しない。裏を返せば、参加者全員が胴元であり客でもある。

技術に追いつけない社会

技術革新に法律や社会制度が追いつかないことは、しばしば起こる。

二〇〇〇年代半ば、「ウェブ2・0」という言葉が流行《はや》った。それまでの一方的な情報、コンテンツ生成から、コンテンツの消費者も生産者になり、生産者と消費者が流動化するというような考えであった。その流れでCGM（コンシューマ・ジェネレイテッド・メディア＝消費者生成メディア）や、UGC（ユーザー・ジェネレイテッド・コンテンツ＝ユーザー生成コンテンツ）という言葉も流行した。簡単にウェブページを作成、更新できるブログシステムが登場したのも、この頃だった。

ところが、当時の動画サイトは著作権を無視した違法動画・音楽のアップロードであふれ、ブログもマスメディアの引用、コピペが多く、早晩立ちゆかなくなるだろうと考えられた。

それから一〇年ほどたった現在はどうだろう。ウェブ2・0もCGMもUGCも、すっかり死語になったものの、動画サイトにはプロではない人がつくった優れたコンテンツがあふれ、動画投稿で数万円から数百万円の利益を得るユーチューバーなる人が出てきた。確かに違法アップロードの問題はまだ残っているが、マスメディアが動画サイトの動画を紹介することも普通になった。

ＣＧＭもＵＧＣも、死語になったというより、定着して意識されなくなったということかもしれない。

第五章で触れる自動運転車の問題は象徴的だ。東京オリンピックが開催される二〇二〇年ごろには、自動運転車はおそらく実用化されているだろう。多くの場合、技術が社会に取り込まれ定着し、法律や制度がこれを追認していく。

当のビットコインも、ようやく法律で位置づけられた。二〇一六年に通常国会に提出され、可決・成立した。改正資金決済法では、金融庁がビットコインをはじめとした暗号通貨を「貨幣の機能」を持つ「財産的価値」と認めた。暗号通貨を、物品購入などに使用できる「交換の媒介」、商品やサービスの購入や売買を通じて法定通貨と交換できると定義している。

ＥＵでは一年早く、欧州司法裁判所が、ビットコインの売買に付加価値税（消費税）の課税は除外されるべきであると判断している。つまり、ビットコインは「モノ」や「固定資産」ではなく、通貨や紙幣と同じであると定義されたわけだ。マウントゴックス以降、日本では、暗号通貨は貴金属などと同じ「モノ」であり、さらに「価値記録」と定義されていたから、暗号通貨の取引実態にようやく追いついた格好だ。

また、規制の目的は主に、利用者保護とマネーロンダリング対策にあるようだ。取引所は金融庁の監督下に入り、マウントゴックス事件のケースから、取引所の開設に審査と登録・報告義務、預かり資産の適正な管理を課している。また、取引所には、犯罪に関与していることが疑わしい取引の届け出も求められている。

先に触れた予測市場を運営するのに必要な、記録や契約、証明、契約の執行といった機能を実現する手段として、ブロックチェーン技術が注目されている。予測市場の有用性が認められニーズが出てくれば、ブロックチェーンと同様、政府が後追いで認めるようになると期待している。

また、ブロックチェーンがＡＩのターミネーター化を防ぐ可能性があるという考察もある。これは第六章で触れる。

第五章　機械がする仕事、人間がする仕事

「この商品は、当社が開発した人造人間であり、人間のあらゆる労働を肩代わりしてくれる、万能労働者です。また、一台あたりの値段も大変安くなっておりまして、何かとお困りの人件費の削減にもお役に立つこと間違いありません。RUR、ロッサム世界ロボット製作所の『ロボット』を、ぜひお買い求め下さい」

——カレル・チャペック『R.U.R.』(大久保ゆう訳、青空文庫)より

そして悪態をつく労働者は消えた

中国のIT企業百度《バイドウ》のアンドリュー・ング氏は「本当のリスクはテクノロジーによる失業」といい、シンギュラリティ大学のポール・サフォー教授は「五年後、一〇年後、仕事がなくなることは当たり前になる」と断言している。

知性的な機械による失業は、これまでの失業とは、様相が異なる。

一九七二年にアメリカで出版されたスタッズ・ターケル(オーラル・ヒストリーの第一人者)の『仕事! Working』は、一三三人の、無職を含め一一五の職業人の日常をインタビュー形式で描いている。

一二年間、ある航空会社の予約係をしていたという女性が、こんな悪態をついている。

「予約係の仕事ってとても型にはまってて、コンピューター化されてたわ。それが本気でにく

らしかった。わたしたちが機械に自分をあわせたわけ。以前あったような気楽さとか形式ばらないところがもうなくなったわね。あそこでの最後の三、四年はひどかった。コンピューター登場でね」

こうして彼女は、その航空会社に導入された「セーバー」というコンピューターをやり玉にあげる。セーバーというコンピューターが職場の中心となり、受け付けた予約は二〇秒以内にセーバーに入力しなければならず、また電話に出て……、「生産ラインみたい」と嘆く。

機械が導入されると、変わるのは人間の振る舞いだ。なにせ、機械は融通がきかないし、当時はまだ仕事そのものを機械が代替することはできなかった。支援という形で、仕事の中の一部のタスクが機械に代替される。そのために人間の振る舞いが変わり、そこで浮いた労働者の時間は、労働者の数を減らして調整するか、別のタスクに振り向けられるかしてきた。

いま、航空会社の予約システムはほとんどがインターネットに取って代わられ、機械への入力を顧客が代行しているということになる。オペレーターに電話してやりとりをするのとネットで予約するのは、手間としてはほとんど変わらないし、ネット予約であれば時間を選ばないし、オペレーターとのやりとりにいらつくこともないだろう。残っているのは、トラブルに対応するコールセンターか、ＶＩＰに対応するデスクくらいだろう。職場の中心だった「セーバー」も、セーバーに悪態をつくような労働者も、どこかへ消えてしまった。

機械化によって人間の仕事が代替される、消えてなくなるというのは、近代以降、いくらでもあった。最も大規模な変化は、第一次産業革命までさかのぼる。しかし、これから始まろうとするＡＩによる労働の代替は、これまでとは少し様相が異なる。これまで機械が代替したのは、それほど高い教育を必要としない非熟練と区分けされる仕事や、単純な肉体作業だった。これから対象となるのはホワイトカラーや、より高い教育訓練を得て、高い賃金を得ている職業だ。たとえば、事務や会計、法律に関わる仕事も代替されるかもしれない。

新聞記者も例外ではない。

「アポロ計画に匹敵する」と言われた新聞の技術革新

私が新聞社に入社した二〇年ほど前のことだ。新人記者はまず、地方に配属された。地方紙の地方だから、人口数万人の小さな市町村をいくつか担当することになる。とある支局に配属された私は支局長と二人、毎日、担当する警察署や自治体に顔を出し、事件・事故の記事や行政ニュース、街ダネと呼ばれる記事を、主に地方版に書いていた。

午後、取材から支局に戻ると、最初にするのは写真の現像だった。暗室に入り、黒白フィルムを現像液、定着液に浸す。そうして、フィルムを印画紙に焼き付け、電話とつながったドラム式の電送機に写真を巻き付け、本社に伝送する。黒白写真一枚を送るのに一〇分以上かかった記憶がある。原稿は、通信機能つきのワープロで打ち、フロッピー・ディスクに入れて支局長に渡し、チェックを受ける。原稿は、電話のモジュラージャックを通信速度2400bpsのモデムに差し替え、パソコン通信のような社内通信で本社に送った。

少したってから、支局にフィルム・スキャナーとフラットベッド・スキャナーが導入され、ISDN回線が引かれた。これでカラー写真も送ることができるようになった。もっとも、カラー・フィルムは暗室で現像できないから、懇意にしている街の写真店に現像を頼んでいた。それから間もなく、デジカメが配備され、フィルムを使うことはなくなった。二〇〇〇年より少し前のことだ。

一方で、新聞製作そのものも、激変していた。

古く、新聞は職人が活字を一個一個拾って記事に組み上げ、写真の写植や見出しのカットとともに、職人が整理記者と一緒に二人でレイアウトに整え、版をつくっていた。鉛を溶かした活字を使うことから「HOT」（Hot Type System）と呼ばれた。

昭和四〇年代、IBMと朝日新聞、日経新聞がコンピューターによる新聞組み版システムを開発する。コンピューターで日本語を新聞のようにレイアウトするということは当時、途方もない計画だったようで、「アポロ計画に匹敵する」と言われたそうだ。

コンピューター組み版は、鉛のHOTに対して「Cold」（Cold Type System＝CTS）と呼ばれた。ＣＴＳは正確には、Computer Typesetting System の略だが、蒸し暑い場所での組み版作業が、涼しい場所でのコンピューター作業に変わったから、Ｃｏｌｄの方が定着しやすかったらしい。

私が入社したころはすでにＣｏｌｄシステムが採り入れられ、新聞組み版に特化した専用のコンピューターを使っていた。端末はグリーン単色モニターと、一般のパソコンの二倍もあるようなキーボード、ジョイスティックのようなものがあり、記事を流す、たたむ、写真を置く、罫を引くといった作業はすべて、オペレーターがコンピューターにコマンド（指示）を入力することで行った。職場がなくなった鉛の職人たちは、こうしたオペレーターや、販売や営業の仕事、一部は記者に転身していた。

現在の組み版システムは、専用のアプリケーションを入れた市販のパソコンを使い、基本的に整理記者が一人で行っている――もちろん、デザイナー、複雑な表組みなど専門に行う人の支援がある――。かつてのアポロ計画が、技術的知識のない素人でも、ちょっとした訓練を受けただけでできる作業になってしまったわけだ。

こうした変化は、世界中、どこの職場でも起きてきたことだろう。そして、これからＡＩがもたらす衝撃はこれにとどまらない。

記事を機械が〝書いて〟いる

米国では、すでに記事を機械が〝書いて〟いる例もある。二〇一六年のリオ五輪では、米紙ワシントン・ポストが速報ニュースに人工知能を使った。同社で開発した「Heliograf」という人工知能で、ツイッターのボット（Post Olympics@wpolympicsbot）として機能していた。「by The Washington Post automated storytelling bot.」（ワシントン・ポストの自動語り手による）そうだ。AP通信も二〇一六年から、企業決算や発表、野球の試合経過などなどフォーマットに沿った記事を機械で生成し配信しているという。アメリカでの新聞社では、こうした動きが急速に広がっている。

スポーツの記録や経過、日程、企業の決算、あるいは災害情報などフォーマットに沿った記事でも、人間が書いて配信するにはそれなりに手間がかかる。しかも、二重三重にチェックをしても、間違いが生じる。フォーマットにデータをはめ込むような記事なら、整理されたデータさえあれば、機械の方が精確にできるだろう。

日本では二〇一六年一一月、中部経済新聞が創刊七〇年を記念して「この記事、AI記者が書きました。」という記事を公開している。西日本新聞も「AIが新聞記事を書いてみた　執筆1秒、でも設定は人間」という記事を紹介している。

こうした技術は近い将来、フォーマットにデータをはめ込むだけではなく、人間にしかできないと考えられている記事も「書く」ようになっていくだろう。記者や編集者の仕事も、少しずつ変わり、気がついたときには、まったく別の仕事になっている、なんてことが起こるのだろう。

新聞記事の少なくないものは、あるデータを定型のスタイルに落とし込んだものだ。スポーツのようにスコアや記録によってゲームの流れが分かるようなもの、株価や企業決算・金融情報など機械にとって処理しやすいデータがあれば、それを定型の自然言語に加工することは、それほど難しいことではない。

記事の執筆はまだ難しくとも、機械による編集はすでに現実となっている。スマートフォン用のアプリ「スマートニュース」を開発しているスマートニュース社は、「世界中の良質な情報を必要な人に送り届ける」ことを企業ミッションに掲げ、「マシーンラーニングカンパニー」と自社を位置づけている。アプリの肝《きも》は、アルゴリズムによる記事の取捨選択とレイアウトだ。

一般的なニュース配信では、アマゾンのレコメンドサービスのように、ユーザーの過去の閲覧履歴などを参考に、ユーザーが関心のありそうなニュースを配信するパーソナル機能がある。しかし、パーソナル機能には「タコつぼ化」が指摘されている。タコつぼ化には、過激な意見に引っ張られる集団分極化の問題が指摘されている。

スマートニュースは、配信契約先のウェブ上から集めた膨大な記事を、アルゴリズムによってリスト化する。アプリ画面では、記事提供元それぞれのページのほか、「トップ」「政治」「経済」のページがあり、フリックで簡単に移動できる。それぞれのページで記事はタイルのように並んでいる。どの記事をどこに配置するか、こうしたレイアウトもすべて、ユーザーの操作履歴などをもとにした記事の重要度を判断するアルゴリズムで行っている。

インターネットで情報は爆発的に増えたけれども、有限の時間しか持たない人間は、それらすべてに目を通して編集することはできない。ならば、機械が代行しようというわけで、これは新聞社などが行ってきた編集作業にほかならない。

同社はむしろ、人の手を介さないことに、価値を置いている。同社代表取締役の浜本階生氏はかつてこう述べた。「『良質な情報とは何か』という難題を解くために、原則として人を介さないアルゴリズムの改善に取り組んでいる。世界中の有益な情報を中立・多様な立場で世界中の人に届けることができるのは、スケーラビリティを持つアルゴリズムだけだと考えている」（「エンジニアtype」二〇一四年一二月四日、「SmartNewsが考える『良質な情報』とは?」）

かつて、人間にしかできないと考えられていた非定型業務、さらに価値の判断も、アルゴリズムが行うようになっている。ところで、こうした記述については必ず、新聞社の収益が低下している一方、新聞社の記事を使って利益を上げる点に必ず批判がある。曰く、一次情報を取材しているのは新聞社の記者だ、というもので、それはその通りなのだが、ここで触れているのは編集やデリバリーの問題である。

テキストを機械が書けるということが与えるインパクトは、なにも新聞の世界に限ったことではない。世の中はテキストであふれている。身の回りだけでも、家電や薬品、さまざまな製品のマニュアルや注意書きなどが大量にある。さらに、論文や社内のレポート、プレゼンテーション……。テキストは現段階で、最も効率的に考えや意思を伝えることができる表現方法だ。大量のデータを利用して、あるいは人間がわずかな指示を出すだけで、機械がテキストを生成できるようになったとき、世界がどう変わるかは想像もできない。

生産性が上がれば労働者は不要に

機械によるこうした仕事の代替は、どこまで進むのか。

ＡＩによる技術的失業をテーマにする研究者は、日本ではまだ少ない。駒澤大学経済学部講師の井上智洋《いのうえともひろ》氏は、技術的失業をどうすれば解消できるか、といったことを考えている。専門はマクロ経済学。研究テーマがニッチであれば、そのキャリアもちょっと変わっている。

慶應大学での指導教官が、第五世代コンピューターに関《かか》わった人だった。学生時代、パターン認識を研究しようとしたが、ちょうどレコメンドシステムの研究が出てきたことがあり、修士論文は、それに関連した協調分散システムだった。独立したプログラムが、協調して動作することを実現するシステムだ。

修了後、プログラミングのアルバイトをしていたＩＴ企業にそのまま就職し、巨大プラントの警報システムをつくる仕事などをしていた。そのＩＴ企業で経理システムをつくっていたとき、ふと思い浮かんだことが、研究テーマの大本となっている。

「経理システムができたとして、いま経理をしている人はどこへ行くのだろうか？」

疑問は膨らんでいく。

「情報技術だけでも、雇用にそういう危険性がある。経理の人は異動するだろうけど、会社は採用を抑えていくだろう。採用されなかった人は、どこへ行くのだろう。そのからくりはどうなっているのだろう」

「人工知能による技術的失業をどうするか。人工知能と失業を切り離して考えることが多いけれども、それでいいのだろうか」

会社をやめて早稲田大学大学院に進み、経済学を学んだ。

井上氏は、「技術革新を予想するとき、いまの技術革新のスピードで考えがち。汎用人工知能（ＡＧＩ）も、実現はまだまだ先と考えがちだけど、技術革新のスピードはどんどん上がっている」という。もちろん、その影響も加速度的に増していく。

米国では、第二次大戦後から、労働生産性と雇用は正の相関関係を保ってきた。労働生産性は技術革新によって引き上げられる。一九四七年を一〇〇とすると、二〇〇〇年ごろまで、労働生産性と雇用はともに三〇〇パーセントも伸びている。しかし、二〇一〇年ごろまで、生産性はさらに四〇〇パーセントに伸びているにもかかわらず、雇用は頭打ち、横ばいとなっている。

日本では長く、デフレが続いている。日銀の異次元緩和もあまり効果がないようだ。物価上昇率は目標だった二年で二パーセントにはるか遠い状態が続いている。

生産性の上昇が労働者を不要としているのだ。そして生産性の上昇が、格差を広げている。消費の主体となる中間層が減っていけば、モノやサービスを買おうとする需要が減少する。いくら金融緩和で市中にマネーを供給しても、需要不足だから企業は設備投資をしない。結果、さらに雇用が減って、需要が減少していく。

こうした状況を井上氏は、エンジニア出身らしく「デッドロック」(行き詰まり)と表現する。ITの世界でいう「デッドロック」は、複数のプログラムが次の処理に進む際、ほかの処理を待ってしまい、どれも動けなくなることを意味する。視力の悪い人が「メガネをかけていないため、メガネを探せない」状態だ。

井上氏によれば、やや乱暴に言えば、三パーセントの技術的進歩率があり、貨幣成長率が二パーセントだとすると、その差は一パーセントとなる。このマイナス一パーセントがデフレとなり、これに応じて失業が生じていく。

仕事によって所得を得ている人がいるからこそ、マネーは循環し市場が成立する。どれほど生産性が上がっても、それを買う人がいなければ、市場が存在できない。国内でクルマが売れないのは、若者のクルマ離れが原因ではなく、若者がクルマを購入し維持する経済力を持てないからだ。

ならば、技術の進歩に合わせて、マネーの総量を増やさなければならない。井上氏は「金融政策と技術的失業はつながっている」と考えている。普通の金融緩和では効果は期待できない。そこで、銀行などを通じて市中にマネーを供給する一般的な金融緩和ではなく、国民に直接マネーを配るような、ヘリコプター・マネーも検討に値するという。そうして行きわたったマネーが市中を回って需要を喚起し、失業が解消する、と考えられている。

「技術的失業」という新しい病

「技術的失業（Technological Unemployment）」という言葉は、ジョン・メイナード・ケインズによって一九三〇年のエッセイ「Economic Possibilities for our Grandchildren」で最初に使われたとされる。「われわれはいま、新しい病に取り憑《つ》かれている。それは『技術的失業』という病気である」

ＩＣＴの発展によってネットショッピングが普及し、街の小売店が廃業に追い込まれるなど、これまでにも技術的失業はあった。

一八〇〇年代の初期、イングランド、ノッティンガムという町に、織物業の職人、ラッダイトという人たちがいた。第一次産業革命はまず、自動織物機の普及で始まった。蒸気機関・自動織物機によって、織物業は熟練工ではなくとも、低賃金の非熟練工でこなせる仕事になった。

しかし、技術革新は社会をより繁栄させ、長期的には、技術的失業はイノベーションによって生まれる新しい雇用に吸収されると考えられたし、実際におおむねそうなった。一八一〇年代、ラッダイトらが機械を打ち壊した「ラッダイト運動」は、のちに「ラッダイトの誤謬《ごびゅう》」と言われた。

短期的な失業には、雇用保険など社会保険、公共事業による雇用創出という社会政策でおおむね対応できてきた。公共事業による財政支出は、雇用の増加による税収増やインフラ整備による経済拡大によって回収された。

こうして、技術的失業は、取り上げられては忘れられていく……を繰り返してきた。

一九六三年、オッペンハイマーは、「コンピューター革命が生産的役割をますます奪い取り、多くの勤労者を失業状態にするだろう」と言った。当時は、工場のオートメーション化が進んだ時期だった。一九六五年には、アメリカ政府の「オートメーション、テクノロジー及び経済進歩に関する委員会」が技術革新が黒人の職を奪ってしまったことなどを取り上げ、「技術革新が消滅させるのは、労働ではなく、職である」と指摘している。

ケインズが技術的失業に触れた当時、自動車や家電が普及し、「労働力を節約する手段を発見するペースが、その労働力の新たな利用方法を見つけるよりも速いことにより生まれる失業」、つまり技術的失業がこれから猛威を振るうだろうと書いている。

ケインズ自身、長期的にはそれらの問題が解消されるだろうとも言っており、確かに数十年のスパンでみればその通りになったとは言えるだろう。

自動運転、スマートカーはもうすぐ実現する。ブロックチェーンも、特にホワイトカラーの仕事を一部代替するかもしれない。

一九九〇年代はじめ、インターネットが民生利用されたとき、研究者が使うようなツールであり、一部の趣味人の玩具であった。わずか二五年で、現在のように使われることをだれが想像したか。

低い教育訓練で可能とか、熟練を要さないとか、賃金が低いという仕事に限らない。手書き文字を認識できれば、データ入力という作業はなくなる。認識するという能力は、監視や警備、工場の検品、インフラや山、河川を監視することに応用され、すでに実用化されている。

ホワイトカラーの仕事、中でも高度とされる業務でも、タスクの一部を機械が担っている。たとえば法務の仕事。米国の大きな弁護士事務所ではエキスパート・システム（知識データベースを使った応答システム）が導入され、判例を調べたり、裁判官の判決傾向を分析することに使われているという。経理・税務業務はほとんどがデータの処理だ。請求書の処理、リターンの処理。監査役だけでなく、全体の財務分析をみることができるようになる。医療の分野でも、コンピューターによる診断や処方箋の発行が可能だろう。

つまり、弁護士や公認会計士、医師の仕事も機械に置き換えることができる。もちろん、それぞれにボトルネックがあり、現段階ではまだ完全な代替は難しい。しかし、現段階で機械が人間に劣るというのは、あまり参考にならない。人間のスキル向上には限界がある。人間がいま以上の画像認識率や識字率を獲得できるとしても、これからどれほどの進化の時間が必要か。これに対して、機械のスキル向上は急激すぎる。

労働人口の四九パーセントが代替可能

オックスフォード大学のマイケル・オズボーン准教授は、「これはお気に入り」と言って、一枚のスライドを出した。日本でこうしたデータを取って公表すれば、相当な摩擦が起こるだろう。

裁判官は常に公平な判決を下すことができるか、できているか――。

被告に執行猶予がつく割合が、時間によって変化するというイスラエルのデータだ。それによれば、裁判官は朝は寛容な傾向があり、時間がたつにつれ厳格になる。休憩を取ると再び寛容になり、しかしまた時間がたつにつれ再び厳格になり、昼食後はまた寛容になる。その差は、最大で、執行猶予がつくかつかないか、〇・八ポイントほどの違いになる。

オズボーン准教授は、「本来、執行猶予をつけるかつけないか、判事はこうした要素に左右されてはならない。われわれが判断を下すとき、偏見が含まれる。もし、裁かれたり裁定を受けたりする立場になったら、裁判官には偏見をもって裁定してほしくない。アルゴリズムに任せれば、こうしたミスは防げる」と付け加えた。

日本での、機械による雇用の影響を調査した中では、二〇一五年一二月に発表された、野村総合研究所（ＮＲＩ）とイギリス、オズボーン准教授とカール・ベネディクト・フレイ教授による研究報告が最も大規模で新しい。それによれば、人工知能やロボットにより代替可能性の高い労働人口の割合は、日本で四九パーセント、アメリカ四七パーセント、イギリスで三五パーセントという試算が得られた。代替可能性とは、あくまで技術的に代替できるということで、実際に代替されるとか、代替に社会的コンセンサスが得られるかは、別問題である。

日本版の研究のベースとしているのは、「職業構造に関する研究」（労働政策研究・研修機構、二〇一二年）の六〇一職種。どういうスキルが必要か、米英での先行研究データを使い分析したという。

目を引くのは、一般事務員、国家・地方公務員、経理事務員が、代替される可能性の高い一〇〇の職業に入っていること。これまでの技術的失業と同じく、特別な知識やスキルが必要ではない職業に加え、「データの分析や秩序的、体系的操作が求められる」仕事も代替できる可能性が高いからだ。コンピューター化可能確率では、「会計事務従事者」や「総合事務員」では一〇〇パーセントに上る。さらに、「公認会計士」や「弁理士」「司法書士」ですら八〇パーセントを超えている。

専門性が高いからといって、安心とも言えない。前述のフィンテックによって、銀行の与信業務も機械化が可能と考えられているのだから。

ＮＲＩの調査研究の出発点は、労働力不足を新しい事業、イノベーションの機会にできないか、という問題意識である。

技術的に代替可能であっても、実際に代替されるには、いくつもの問題を解決しなければならない。人のサービスより機械のサービスを求めるか？　簡単な医療診断でも人間の考えを求めるか？　そして何より、日本人がその技術を受け入れることができるのかどうか。技術に対する受容性も問題となる。

ＡＩの発展にはＢＩが必須

ＡＩをはじめ、ナノテクやバイオが連鎖的な発展を遂げ、生産力が極限まで上昇し、モノやサービスを再生産する限界費用がゼロに近くなれば、労働者はほとんど不要になってしまう。もちろんこれは、まだまだ未来の話である。あした突然、ロボコップやロボット裁判官、ロボット記者が現れるわけはなく、ホワイトカラーの仕事のタスクが徐々に機械に支援されていき、徐々に労働者は不要になっていく。

不要になった労働者は、より低賃金の労働に移っていく。人間の優位性は残るだろうが、平均的スキルの労働者は駆逐されていく。平均的なスキルの労働者は暮らしていけないかもしれない。

その際、生産力をもった人、古い言い方では資本家がすべてを得るが、では生産物を買う労働者はどこからその対価を得ればいいのか？　結局、生産物を買う人がいなければ、資本家も生きてはいけない。

ここで、井上氏が提案するのが、ベーシック・インカム（ＢＩ）だ。

井上氏は、汎用人工知能（ＡＧＩ）が誕生する前までは、「マクロ経済政策で失業問題はなんとか解決できる」と考えている。しかし、AGI誕生後は、そうはいかない。現段階で、AGIに関する研究者のコンセンサスでは、遅くとも二〇三〇年くらいだ。井上氏は続ける。「それ以降は、マクロ経済政策での失業対策は難しくなってくる。雇用されるのは人工知能とロボット。仕事を得る人間は、ごく一部のスーパーマンのみだろう。BIは必然」とみている。労働者は消費者でもある。失業者があふれれば、消費する人がいなくなる。結局、モノやサービスは売れなくなるから市場は機能しなくなる。

BIの考え方は、イギリスの社会運動家クリフォード・ヒュー・ダグラスの「国民配当」、アメリカの経済学者ミルトン・フリードマンの「負の所得税」にさかのぼる。負の所得税は強力な累進課税で、所得が基準以下であれば税金を支払うのではなく、税金を受け取るというものだ。BIはこれを発展させ、国民全員に無条件で一定の金額を支給する仕組みである。

井上氏は、現段階でも理性的に考えればBIは効率がいい、と考えている。当初は一人毎月七万〜八万円が適正であり、支給額を増やしすぎると、インフレになる可能性がある。ただし、どれくらいでインフレになるかは分からないから、マクロ経済に大きな影響を与えない、インフレにならない額を探っていく。そこから、月一万〜二万円と少しずつ増やしていく。

生活保護には数々の問題点がある。審査や指導などに行政コストがかかり、必要な人には届かないという矛盾を抱えている。一パーセントにも満たない不正受給を防ぐために貴重な公務員の人的リソースが割かれ、受給者と非受給者の分断や差別も招いている。そんな生活保護を拡充するより、ＢＩの方が効率がいいと井上氏は考える。

ＢＩはとてもシンプルだ。だれにでも無条件で一律に支給される。所得制限も居住地の制限もない。支給された現金をどう使おうと自由である。

フィンランドは国家として初めて、二〇一七年一月にＢＩを試験導入した。二〇〇〇人の失業者に対して月に五六〇ユーロ（約七万円）を支給する。スイスでも二〇一六年六月、ＢＩ制度導入に関する国民投票が行われたが、否決された。スイスの場合、一人毎月三〇万円が支給されるということだった。これには二〇〇〇億フラン（二五兆円）が必要とされ、これはスイスのＧＤＰの三分の一に相当する。

井上氏が学生にＢＩの文献をもとに議論させると、意外にもＢＩへの否定的な反応が多いという。「その理由の大きな一つが感情的な問題。働かない人にお金をあげることに違和感があるようで。最後には『どうせ朝からパチンコするんでしょう』という議論になる」

ロボットの語源は、チェコ語で労働を意味する「robota」である。チェコスロバキア（現在のチェコ共和国）の作家、カレル・チャペックが一九二〇年に発表した戯曲『R.U.R.』（ロッサム万能ロボット会社）によって定着した。人造人間バイオロイドが意志を与えられて奴隷労働に反発、人間に叛乱《はんらん》を起こす。一方の人間は、労働を任せたことで堕落し、繁殖能力すら失っており、最後にはバイオロイドの世界が訪れる。

機械に労働を任せた人間は、堕落するのだろうか。

ＢＩが否定される理由としてつねに挙げられるのが、勤労意欲を削《そ》ぐのではないか、という指摘だ。井上氏の学生の反応もこれを懸念してのことのようだ。

そこで井上氏は、価値観を大転換していきたい、と言う。井上氏によれば、勤労・勤勉を美徳とし怠惰を罪であるとする風潮は欧州で近世以降、一六～一七世紀ごろから強まり、一八世紀後半の産業革命のころ、資本家が力を持つにつれ、その価値観が定着したという。

日本でも、勤労の美徳が広まったのは欧米の影響を受けた明治以降だった。実際、明治時代に来日したイギリスの灯台技師リチャード・ブラトンは手記で、日本人がいかに怠惰でいい加減な仕事をするかを記録として残している。また、武士の労働時間も一日四時間ほどだった。「幕末に来日した欧州人は、日本人はなぜこんなに働かないのだと思っていたようです」と井上氏。「勤勉な日本人」というイメージは、明治以後わずか一〇〇年程度のもののようだ。

勤勉とはいえない江戸期の日本でも、算術と呼ばれる独自の数学が発展したり、井原西鶴《いはらさいかく》や平賀源内《ひらがげんない》といった多数の異才が誕生したりしている。怠惰がすぐに「朝からパチンコ」のような荒廃と直結するわけではないようだ。

現在の職の半分以上が技術的に機械に代替可能になった世の中で、それでも人間にしかできない職業、スキルとは何だろうか？　よく言われるのは、「クリエイティビティ（創造力）」「マネジメント（管理）」「ホスピタリティ（もてなし）」の三点。あるいは、イノベーションに関わる仕事や教育が挙げられる。いずれも協調性や創造性が求められ、非定形で試行錯誤が必要な仕事だ。前述の野村総研の報告でも、「創造性」「コミュニケーション」「非定型」を、代替されにくい職業の特徴に挙げている。

とはいえ、すべての人が創造性やコミュニケーション能力を高められるわけでもない。四〇歳を越えた私が、明日からビッグデータ・アナリストになれ、とか、クリエイティブなアプリケーションの開発者になれ、と言われてもそれは不可能な話だ。とすれば、ドロップアウトすればいいのだろうか。

人工超知能（ＡＧＩ）による仕事の代替とは、新しい技術で新しい豊かさをいかに実現するか、技術によって生まれた富をいかにフェアに分配するかという問題でもある。

人間は稼ぐためだけに働くわけではない。誰かの役に立ちたい、共感したい・されたい、あるいは承認されたいという欲求がある。

ＢＩによって最低限の生活ができればいい、と考える人もいるだろう。しかし、もっと稼ぎたいという人もいるし、小説、演劇、芸能、映画……と表現したい人もいる、現代でも、わざわざお金を払い時間を使って豪雪地帯へ行き、高齢者世帯の雪かきボランティアをするというケースがある。だれかと一緒に共同作業をして、それが世の中の役に立っているという喜びは、報酬をもらう労働とは異なる価値だ。

井上氏は「例外もあるけれども、人間は暇を持て余せない。スポーツをしたい人もいる。プロスポーツも、もちろん残る。なぜか、肉体を酷使してトレーニングしたがる。なぜか、危険を賭《と》して山に登りたがる人もいる」と指摘する。

井上氏は、汎用人工知能の実現以前と以後を分けて考えている。「〝以前〟にある現在、人工知能技術は自動運転など特化型であり、技術が特化型である限り、人間には仕事が残されている。失業の問題は景気次第であり、まだ大丈夫かなと思う。二〇三〇年に汎用人工知能が実現するとして、〝以後〟は経済政策で失業問題の解消をするのは無理かもしれない。そのとき、BIは真剣に議論の対象になる。機械が労働を代替する世界を、奴隷制があったローマになぞらえる例があるが、そんなイメージと近い」。また、「のんびり暮らせばいいのですが、自己承認欲求はおさまらない。人に認められたいがために争うんじゃないでしょうか」。

一生、大学で勉強してロボットが教師を務める。大学が社交の場であり、生涯学習の場となる。スポーツや学習以外にも、自己承認欲求を満たす方法はいくらでもありそうだ。

ところで、BIを否定する大きな理由のもう一つは財源である。日本での精確な試算がないので議論できないが、生活保護、年金、雇用保険、子ども手当など、省庁をまたがって実施される複雑怪奇な社会保険、社会保障がＢＩに一本化される。そうすれば、行政コストは劇的に減ることになるだろう。もっとも、これによって既得権を失う行政の抵抗が、じつはＢＩ導入の最大の障害になるかもしれない。

第六章　身体があるから知能が発生する

「マシンは人間のように考えたりしない。マシンは人間とは違う。違うふうに考える。面白い問題だよ、違うふうに考えるというのは。考えていないということなのか？　人間に違いがあることはだれもが認めている。なぜ違いが生じるのか。それぞれの脳が違うふうに働いて、違う考え方をするからだ。人間がそうなら、ワイヤーや鋼でできた脳にも、同じことが言えるはずだ」（アラン・チューリング）

——映画「イミテーション・ゲーム」（英米合作、二〇一四年公開）より

知能に身体は必要か

卑金属から金をつくろうという錬金術は、古代ギリシアで生まれ、東洋、西洋問わず世界中に広がって研究されてきた。金をつくるには、核分裂や核融合による想像を超えるような高温・高圧が必要で、現実的には不可能なことだった。しかし、錬金術が研究される過程で、金属の精錬方法やそのための道具、さまざまな化学物質が発見され、錬金術は自然科学が発展する基盤となったとも評価されている。

人間が行動する目的はなんだろうか。究極的には、生き延びることかもしれない。

知能には身体が必要だという考え方がある。空間や感覚を直観的に理解するにも身体が不可欠であり、人間は現実の世界で活動することで、体験的な知識を獲得している。ヒトという、

動物としては非力な生物は、知能を持たなければ他の生物との競争を生き残れなかった。時間的にも物理的にも有限な身体を維持して守るため、人間は知能という道具を獲得した。

カリフォルニア大学バークレー校のヒューバート・L・ドレイファス教授は哲学者の立場から、人工知能を錬金術にたとえ、人工知能の派生技術は評価しつつ、現在言われるような汎用人工知能や超知能の実現に疑問を呈してきた。一九六〇年代、ちょうど第一次人工知能ブームを経て、あまりかんばしい成果を上げられずにいた時期のことだ。

一九七二年に初版が出版された『コンピュータには何ができないか』は、進歩の速いこの分野ではすでに古典と見られているが、非常に示唆《しさ》に富んでいる。

「認識可能な対象をもったこの人間の世界は、身体的欲求の満足のために身体的能力を用いる人間によって組織化されているものである。これら根本的な人間の能力に基づいて組織化される世界が、何か他の手段（筆者注・人工知能）によって獲得できるという考えには、何の根拠もないのである」

ドレイファス氏は、こうも触れている。「プログラムによって、コンピューターが子供のように振る舞い、自らの力で知能を獲得することができるのだろうか。この問いは、現在の心理学的理解と現在のコンピューター技術を越えたものである」

ディープ・ラーニングなど機械学習の「学習」と、ドレイファス氏が言う「自らの力で知能を獲得する」学習は、似ているようで、まったく同じではない。「機械学習」はあくまで技術的な用語であるのに対して、人間の学習はもっと幅広く、生き延びるとか遺伝子コードを次代につなぐとか、そういう根本的な欲求を実現するために獲得した能力だと考えられている。

物理的な身体があるから、自分と他者、環境や世界との境界面（インターフェース）を認識することができる。自分と他者を区別することにもなる。物理的な身体は時間的にも空間的にも有限であることを意識せざるを得ない。そこから、認知や認識と呼ばれる能力が生まれる。人間だけでなく、動物や昆虫、身体を持つ生物はみな自分と環境の境界面を認識して行動している。

ところが、ロボットが二足歩行に成功しただけで驚かれるくらいだから、機械に人間のような認知、認識力、あるいは身体・運動機能を模倣させることはとても難しい。機械は、人間にとっては難しい複雑なボードゲームや統計を駆使する高度な数学は得意なのに。

これに対して人間は、機械にとって難しい二足歩行はもちろん、飛んでくるボールを受けたり、バットで打ち返すことも、軌道や空気抵抗など計算しなくても、多少訓練すればできるようになる。

それにしても、不意に飛んでくるボールの軌道を一瞬で計算するとすれば、どれほどの処理能力を持ったコンピューターに、どれほどの高度なアルゴリズムが必要なのだろうか。ボードゲームや統計を駆使して未来を予測する推論よりも、感覚運動スキルの方が多くの計算資源を必要とするらしい。

「モラヴェックのパラドックス」が示したこと

アメリカの知能ロボットの研究者で、カーネギー・メロン大学ロボティックス研究所長などを務めたハンス・モラヴェックは一九九〇年に、五〇年以内に、人間並みの知性を持つ（物理的な身体を持った）ロボットが普及するだろう、と予言している。カーツワイル氏の予測より少し早い。「実際問題として、人間の本質的な働きが肉体的であれ、精神的であれ、どれも人工的に代行できるようになる日はそう遠くない」（『電脳生物たち――超ＡＩによる文明の乗っ取り』H.モラヴェック著、野崎昭弘訳、岩波書店、一九九一年）という。

モラヴェック氏は、しばしば引用される「モラヴェックのパラドックス」でも知られている。機械にとって、人間には難しいボードゲームや高速計算、高等数学は得意でも、人間なら子どもでもできるような二足歩行、ボールを投げたり受け取ったりといった運動機能や、世界を認識するといったことがとても難しいという逆説だ。

「人類の脳の高度に進化した感覚と運動の領域には、一〇億年もの間自然の中で生き抜いてきた経験が記録されているのである。私は一般に『推論』と呼ばれている慎重な過程は、実は人類の思考の中でも最もうすっぺらな表面のことなので、普段は意識されないけれども、ずっと昔からある、ずっと強力な感覚運動知識に支えられてはじめてうまく働いているのである、と思う。われわれは知覚と運動については並はずれて優れたオリュンポスの神々なので、むずかしいことがやさしいように見えてしまう。しかし、抽象的思考は、まだ多分一〇万年にも満たない歴史しかない新しい技巧である。人類はまだ抽象的思考を身につけてはいない。これは本質的に難しいことではなく、われわれには難しく見えるだけなのだ」（前掲書）。人工知能研究のパイオニア、マービン・ミンスキーも同じく、人間の「無意識」こそ最も解明が難しいと述べている。

私はある日、地元北海道の美術館で開かれる絵画の企画展のポスターを目にした。ポスターには、おそらく私が初めて見る油絵がプリントされていた。作者や作品名は表記されていない。それでも私はぱっと見て、それがモネの絵画だと分かって、不思議な感覚を覚えた。そうして、子どものころに見た風景、記憶、それにひもづけられた郷愁のようなものが、文字通り身体がゾクッとするような感覚とともに湧《わ》き上がってきた。涙こそ流さなかったが、一枚の絵画に共感し涙を流す人もいるだろう。もちろん、私に審美眼があるわけではない。むしろ美術にはほとんど関心なく過ごしてきた人間だ。

あとで調べると、ポスターにプリントされていたのは、「ジヴェルニーの積みわら」という著名な作品だった。以前にどこかで目にしていたのかもしれないが、それにしても、不思議だった。美術に疎《うと》くても、それがモネの作品だとわかり、たった一枚のそれもプリントされた絵画で、さまざまな感情と感覚が入り乱れ身体が反応するというのは、いったい、どういう仕組みなのだろう。

ロボカップの目標

モラヴェックの言う、「高度な推論を支える、強力な感覚運動知識」とは、なんだろうか。

「ロボカップ」という日本発のイベントがある。ロボット工学や人工知能研究者らが一九九二年に立ち上げ、一九九七年から世界大会や日本大会を各地で開催している。世界の著名な大学から参加があり、ロボット工学系の学生にとっては、あこがれの場所でもあるという。

もともと、無骨な小型ロボットが五台で一チーム、六・五メートル×四・五メートルのフィールドでサッカーをする大会だった。その後、分野が増えていき、現在では四足ロボットや、小型のヒューマノイド（人間型ロボット）、また実機を使わずプログラムによる一対一のシミュレーションリーグもある。さらに、災害現場で役立つようなロボットの機能を競う「レスキュー」、家庭での利用を想定して人間と共同作業をできるような「＠ホーム」、さらに子どもを対象にした「ジュニア」がある。

ユーチューブには大会の動画がいくつもアップされている。ヒューマノイドの試合では、歩くのもぎごちなく、いまにも転びそうな――実際に転ぶ――、しかし自力で立ち上がる、そんなロボットが一生懸命ボールを追いかけている。ボールを蹴《け》るのにも、まずは正面に足踏みをするようにゆっくりと回ってからだから、とてもゆったりとしている。それでも、シュートになれば息をのむような緊張感もある。キーパーがゴールを防ぐと観客から拍手があがる。

ボールとゴールがなければ、サッカーをしているのか、ただ小型ヒューマノイドがコミカルに動いているだけなのかわからないが、それがまたとてもかわいらしい。車輪を使った箱型ロボットの試合はもっとスピード感があり、ボールをサイドからゴール前に放り込むといった戦略的な動きもある。知らない人が見れば、人間がリモコン操作していると勘違いするかもしれない。

ロボカップは、学生にとって成果発表の場であり、未来の科学者を目指す子どもとのコミュニケーションの場であり、エンターテインメントでもあるイベントだが、その目標はとても遠大だ。二〇五〇年に「サッカーのワールドカップ王者チームに勝てる、自律型ロボットのチームをつくる」のだ。この目標が立てられたとき、日本はまだワールドカップ出場すら難しかったという時代だ。

サッカーはもちろん、あらゆるスポーツは、「無意識」の判断と行動が求められる。時速一五〇キロで投げられるボールをバットで打ち返すときに、いちいち意識した計算や行動では間に合わない。サッカーをするロボットには、仲間と協調しながら一瞬の判断を積み重ねていくような汎用的な知性が求められる。

ロボットの二足歩行も難しいと言われた時代

ロボカップの創設メンバーの一人である大阪大学の浅田稔《あさだみのる》教授は、「認知発達ロボティクス」という新しいロボット工学の第一人者だ。認知発達ロボティクスは、知能が創発・発達する仕組みをつくることを通して、人間の認知発達の過程を解明しようという研究分野。ここで言う「創発」は、身体を使いながら実世界と関わり発達し成長し学んでいくことを指している。人間の内部にリンゴはリンゴであり、ネコはネコであると、「シンボル」が自然と生まれてくる現象だ。

昔のＡＩ研究は、まずリンゴやネコのシンボルをコンピューターに教え込んで、それを実世界のリンゴやネコと一致させること、どう実体とシンボルを「接地」させるかということを主眼に研究されてきた。しかし、それではコンピューターに実物とシンボルは接地できないという問題は、これまでに触れた。

では、たとえば赤ちゃんのようにまだ発達していない脳をロボットに与え、身体を通して情報を取り込むようにすれば、ロボットの脳が発達するのではないか、と考えられる。ここで重要なのは、なにより外部環境と相互作用する物理的な実体としての身体だ。身体性の本質は、有限という制限の中で、複雑な環境に適応するための学習を繰り返し、発達していくことという。

浅田氏はロボカップを始めた理由を「研究発表だけでは面白くないでしょう。プラクティカル（実践的）な場をつくりたかったから。それに公に、オープンになっている場で、かつ勝負事の対戦型だと、モチベーションが強くなって、普通の研究サイクルとは進歩のスピードが違ってくる。ロボットにはいろいろなトラブルが起こるから、それに備えなければならない。そういう経験と学習で、強い人間もできるのですよ」と言う。

とはいえ、第一回大会が開かれた一九九七年は、「(本田技研工業のヒューマノイド）アシモの前身ができたばかりのころ（アシモは、一九九六年に前身となる「P2」が発表されている）で、ロボットの二足歩行も難しいと言われた時代」だった。二〇五〇年までに、という目標も、もちろん無謀と思われていた。しかし、浅田氏ら創設メンバーは本気だったし、いまでも本気だ。

人間を理解するためにロボットをつくる

浅田氏は、ロボカップを取り上げるメディアがしばしば「人工知能を搭載したロボット」と表現することに違和感を覚えている。行動を制御する人工知能と、身体であるロボットが別々にあるのではなく、「身体があるから、ロボットの知能が発生する」と考えているからだ。善し悪しではなく、人工知能や脳の研究は主に、個別のタスクを解決するアルゴリズムの開発や、脳の持つアルゴリズムの解明を目指して発展してきた。

これに対し浅田氏らの構成的手法では、まず物体としてのロボットをつくり、設計通りに動くか、あるいは動かないのかを試行錯誤する。人間の身体能力や知能獲得の大本のアルゴリズムを突き詰めるためだ。人間を理解するために「人間を映す」ロボットをつくるのだ。核にあるのは、繰り返すように「身体を持っていること」と「他者・環境との相互作用」があること。身体を持って外部と相互作用することで、環境から入力された情報が、身体の中で構造化されると考えられるからだ。それが、知能と呼ばれるものに通じている。

あまり冴《さ》えない中年の男と、ＡＩを搭載したＯＳとの恋愛を描いた映画「Ｈｅｒ」で、主人公の男は、身体を持たないＯＳに世界を「見せ」「体験させる」ため、スマートフォンのカメラを胸ポケットに入れて街を歩き、旅行に出かけていた。同じく、ロボカップは「ロボットが身体を持ち、環境と関わる中で知能をはぐくむ過程でもある」（浅田氏）という。

近年のロボカップに出場するロボットは、強化学習などの技術も取り入れられ、急速に進化しているという。以前はロボットをつくっては壊しを繰り返し、新しいロボットをつくるのにも時間がかかっていた。しかし、コンピューターの性能向上と、シミュレーション技術が発達したことで、そうした作業が軽減された。浅田氏は「これは非常に大きい進歩。ロボットを構成的手法で説明し、設計して知見を得ることができるようになった」という。ただし、シミュレーションでは現実社会にあるノイズや外的要因をすべて実現できるわけではないから、実機をつくることは欠かせない作業だ。

「知性を持った機械」という言い方への違和感

アイザック・アシモフの『I, Robot』の初版本（一九五〇年刊行）が飾られている浅田氏の研究室。ソフトバンクのペッパーもいた。徹夜明けなのか、学生がぐったりと椅子に体を預けて寝ている。その片隅に「CB²」（シービースクエア）という子ども型ロボットが、これまた横たわっていた（次ページの写真）。

灰色をした、少し気持ち悪いような、それでも放っておけないようなかわいらしさがある。CB²は人間の赤ちゃんがどのように大人に発達するか、能力の発達を調べるために試作された。人間の赤ちゃんは、母親をはじめ周囲の人間、環境と関《かか》わることで、さまざまな能力を発達させる。CB²は人が介助することで、起き上がったり歩行を学習したり、つたないながらもしゃべったりすることができる。その発達過程を探ろうとつくられた。

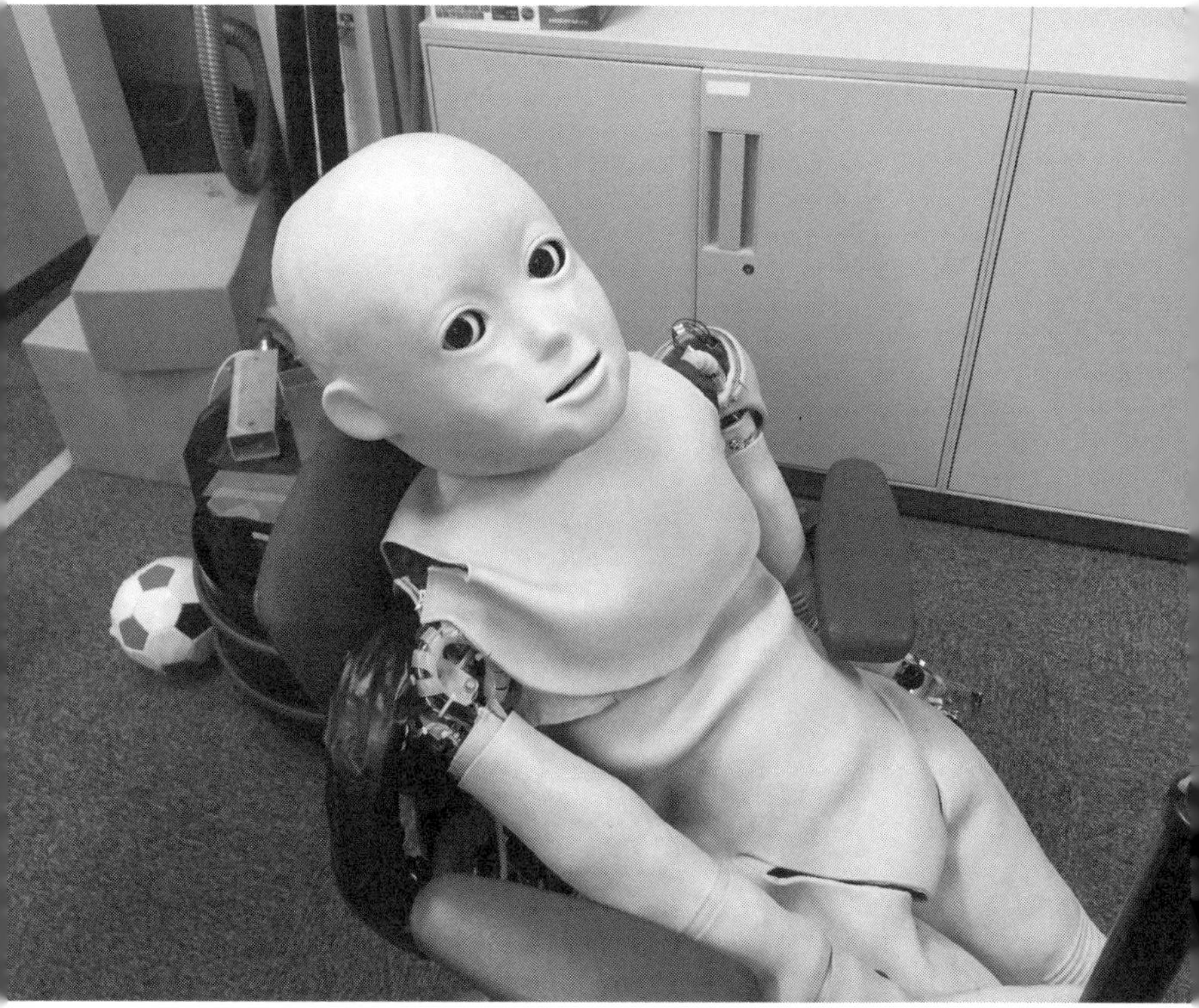

浅田研究室にある、「発達」の研究に使われた「CB^2」。現在は
役目を終えて動くことはない

浅田氏は、もともとパターン認識に興味を持ち、制御工学の学科で視覚研究などをしてきた。日本語の「認識」は英語で「Recognition」という。「Ｒｅ」は、日本語で「再」とか「繰り返す」を意味する接頭語だ。

四〇年ほど前、人間が行う認識という作業を機械にさせることを考えていたとき、ふと疑問に思ったという。人間は情報を入力し出力し入力し……という作業を繰り返し、物事や物体のモデルをつくるプロセスを経て認識・認知している。重さやにおいなど、総合的な情報を身体との関わりの中でモデルをつくり、それを内包し外部の情報と照合し、リンゴをリンゴと認識している。しかし、「コンピューターは『ｒｅ－再』になっていない。命令をトップダウンで与えているだけ。機械は命令とデータを照合しているだけではないか」と。機械は赤いリンゴの何を知っているのだろうか。

浅田氏は、研究の意図をこう説明する。

「人間は、すべての分野で外部環境からさまざまな情報を取り入れ、相互作用を起こした結果、脳を発達させています。身体は、脳と外部の環境をつなぎ、五官を通して情報を取り入れるための橋渡しの役割をしています。身体があるからこそ、さまざまな情報を取り入れ、脳が発達するのです。つまり、身体が脳をつくる。身体があって初めて環境と関わることができ、環境―身体―情報のループが知能を持たせています。そのため、環境に働きかける身体、筋肉や骨格だけではなく内蔵、内分泌系すべて、人間の見た目の動きを実現するには、内側の原理を知ることが必要なのです」

ディープ・ラーニングやコグニティブ・コンピューティングという技術が注目されるのは、何かを認識するとか、膨大なデータから「学習して」未来を予測したり、新しい知見を生み出したりするということを人間が及びもしない精度とスピードでできるようになったからだ、と書いてきた。それによって、人間が行う知的作業、労働の少なくない部分を代替することが可能になるだろうし、ビッグデータからパターンや特徴、相関関係を抽出することで、人間にはできないような検知や未来予測が可能にもなる。

これらは、火を使うこと、文字や印刷技術を発明したことと並ぶような、世の中の仕組みを根本から変えるような革命的な技術になる可能性がある。ただし、機械の認識や知性は、人間のそれとはまだまだ大きな隔たりがあるようだ。

ＩＣＴの世界でしばしば使われる「セマンティック」という言葉は、たとえばあるテキストの意味を機械に解釈させ、テキストの収集や分類、テキスト同士の関連づけといった処理を自動的に行わせる技術を指す。機械がテキストやページ全体の意味を解釈できれば、人間が検索したいテキストを高精度で抽出することができるようになる。

次世代のウェブ検索の主流はセマンティック・ウェブ（ＸＭＬもその一つ）になると言われて

いる。そのため、テキストやウェブページにメタデータ（情報の中身を説明する情報、タグやキャプション）を与えるといったことが考えられている。また、メタデータを機械が自動的に生成するような技術も開発されている。

こうした意味や概念を整理することは、「オントロジー」と言われる。セマンティックは、もともと言語学の言葉で「意味的な」「意味論的な」などと訳される。オントロジーは哲学の言葉で「存在論」を指している。なぜ、私やリンゴは存在しているのか、を突き詰めるような学問だ。

だから、浅田氏は機械が知性を持ったというような言い方には違和感を覚えるようだ。

「ネコを統計的に特徴抽出しているけど、機械はネコのセマンティックは認識していないでしょう。コグニティブ・コンピューティングも、機械自体が知能を持っているわけではありません。あくまで特徴抽出ですから」

もちろん、人工知能の研究者や知性的な機械の開発者も、機械が人間のような知能を持つ、持ったというような言い方はほとんどしない。汎用人工知能も超人工知能も、実現するにはおそらくまだ分からない課題があって、それを解決するにはいくつもの技術革新が必要だと考えられている。

どうも、人工知能という言葉は、幅広すぎて、受け取る人によってさまざまに解釈されてしまうようだ。シンギュラリティという言葉も、一人歩きしている。人間がこなしてきた少なくない難しく複雑なアルゴリズムを、より高速で精確に行えるようになったとしても、だからといって、人間そのものを超えるとはだれも考えていないだろう。

「死ぬことを意識できるか」

では、ロボットが人間のようにセマンティックを認識できるようにするには、何が必要なのか。あるいはいずれ、自我や意識を持つことはあるのだろうか。

セマンティックやオントロジーという言葉が使われているように、計算機科学が登場するもっと以前、知能とか知性の問題は哲学の分野だった。前述のように一七世紀のイギリスの哲学者トーマス・ホッブズは、人間も複雑な構造を持った機械にすぎないと考えた。ホッブスは『リヴァイアサン』で、人間の技術は「自然のうちで、理性的で最もすぐれた作品、すなわち人間をも模倣するに至る」と書いている。

しかし、ロボットにサッカーをさせるということを考えるだけでも、人間を模倣するために必要な要素は限りなく浮かび上がる。そもそも痛みを感じないロボットは、危険すぎて人間とサッカーをさせることはできない。さらに、人工物は複雑になるほど壊れやすい。一方、生物は複雑になるほど頑強になると考えられている。人間とサッカーをさせるには、人間とぶつかっても人間と同じ程度に柔らかく硬い柔軟な骨格や構造、皮膚となる素材、さらに自己修復機能が必要になる。

人間を模倣するために、何が必要なのだろうか。浅田氏は「人間の意識や心にとって本質的なもの、究極的にはロボットが死ぬことを意識できるか」にあるのではないかという。

よく言われるように、機械は音楽や芸術を楽しむことはない。悲しみは共有されやすく、喜びは嫉妬《しっと》にもつながる。膨大な油絵の中から、モネの作品のパターンを抽出して分類することはできても、絵画を見て共感することはない。これに対して人間は共感のプロセスを繰り返している。この不思議な人間の「共感」は、どう発達するのだろうか。

有限の肉体や時間的制約を意識できなければ、自他を認知し、共感する能力を得ることはできなそうだ。では、知能に身体が必要だとして、身体の有限性や時間の概念は、どうやって獲得できるのだろうか。

人工的機械が膨大なデータや計算操作を必要とするのに比べ、人間という生命がいかに洗練されているか、途方もない思考の隘路に陥ってしまう。人工知能やロボット研究の目的の一つは、人間を理解することだった。人間を理解するためには、哲学の問題にまで踏み込まざるを得なくなり、思考の堂々巡りに陥ってしまう。

恐怖や嫉妬、喜びといったときにマイナスになるような無意識の情動は、実は人工知能をいかに人間と整合させるのか、制御するヒントの一つになるかもしれない。むしろ、こんな問題を突き詰めないと、おそらくいつか将来にできるだろう、人間を模倣したロボットを制御できなくなる。

浅田氏の研究室にあったCB[2]は、すでに役目を終えて動かなかった。しかし、次代のCB[2]は自身で発達できるようになっているかもしれないし、さらに近い未来、なんらかの情動を獲得し、共感する能力を獲得したとき、人間の情動や共感といわれる能力がいったい何なのか、一つの答えが出るのかもしれない。

急速に進むロボットやヒューマノイドの開発

日本が先行してきたと考えられてきたロボットやヒューマノイドの開発は、ここに来て、米国で急速に注目され始めている。人間を理解するといった学術的なテーマとしてではなく、もっと実利的な目的で。

ヒューマノイドの開発では、世界初の二足歩行ロボット、早稲田大や本田技研工業のアシモ、経済産業省の等身大ロボット「ＨＲＰ－２」を紹介するまでもなく、日本の技術が世界をリードしていた。この間、欧米ではヒューマノイドにこだわらず、機能に特化したロボットが開発され、掃除ロボットを筆頭に民生品としても評価されるようになった。ドローンもその一つだ。

確かに人型で親しみやすいヒューマノイドは、科学実験や子どもへの理解、将来の研究者や技術者を育てることに有用だったが、人間の動作を模倣するような機能の実現は難しく、実用性という点ではあまり評価されなかった。

こんな経緯から、ヒューマノイドに偏《かたよ》った日本の姿勢が批判されることもあった。ただ、こうした流れは再び変わりつつある。人間が生活、作業する環境は、人間に最適化されている。実世界の環境に溶け込み、人間とともに活動し、人間の動作を代替するのなら、人間の形をしているのが最も合理的だ。日本では特に、福島第一原発事故による廃炉という課題、高齢化で慢性的に人手不足が続く介護の分野で、人型かそれに近いロボットが実際のニーズとして高くなっている。特定の作業に特化するのではなく、できるだけ汎用的なロボットの究極の形は、ヒューマノイドなのかもしれない。

DARPA（防衛先端技術研究計画局）が二〇一五年に行った二〇〇万ドルのロボット開発コンペティションは、福島第一原発事故を受け、災害対応に使えるヒューマノイドの開発が目的とされた。

アメリカでは、オープンソース・ロボット財団（OSRF）が、ロボット開発用の無料ソフトを配布したことで、技術者らがそれぞれ独自の開発を始めているという。ビル・ゲイツ氏は「今のロボット産業は三〇年前のコンピューター産業と同じ」と語っている。

ＤＡＲＰＡのコンテストには、人型ロボットを開発していた日本発のベンチャーで、二〇一三年にグーグルに買収されたシャフト社や、軍事用の四足歩行ロボット「ビッグドッグ」などを開発していた同じくグーグル傘下のボストン・ダイナミクスが好成績を収めた。特にシャフト社は、参加した一六チーム中、圧倒的大差でトップだった（ボストン・ダイナミクス社はＤＡＲＰＡの資金を受けていたが、グーグルは買収以後、資金提供を断っているという）。

グーグルは、シャフト社やボストン・ダイナミクス以外にも、コンピュータービジョン・物流向けロボットアームを開発するインダストリアル・パーセプション、ヒューマノイドのメカ・ロボティクスなど、ロボット企業を次々と買収している。また、ロボットアームとカメラで特殊撮影をする技術――映画「ゼロ・グラビティ」の撮影でも使用された――ボット・アンド・ドリーという会社も傘下に収めている。

その狙《ねら》いは、人工知能の開発に物理的に世界と関係する身体は欠かせない、という理由ではないようだ。監視カメラが置かれるだけよりも、物理的なロボットが巡回していた方が防犯効果も高い、という理由でもなさそうだ。

機械が処理する情報のほとんどは人間によって生成され、入力され、集められ、整理されている。インターネットの世界では、検索エンジンのクエリ（検索するためのキーワード）やＳＮＳの投稿、さらにＧＰＳやさまざまなセンサーを搭載したスマートフォンを普及させることで、それらのデータを取り込むことができる。しかし、実世界ではそうはいかない。

データを集めるには、物理的に動き回るしかない。ストリートビューと地図をつくるため、カメラやセンサーを搭載したグーグルのクルマが世界中を走り回っている。IoT化したロボットが街中に出て行けば、膨大なデータを自動的に集めてアップロードしてくれる。そのデータは、人間が集めたような雑多で整理が必要なデータではなく、すでにきちんと整理されすぐに使えるデータだ。

グーグルは創業以来、「世界中のデータを整理する」ことをミッションに掲げている。ウェブ世界を〝動き回って〟情報を集める仮想世界のクローラーが現実に飛び出し、物体としてのロボットが世界を動き回る。そうしたロボットが集めた情報をどう使おうとしているのか、世界がどう変わるのか。

また、ソフトバンクのペッパーは、人間の目を認識し、人と目を合わせて「会話」をする。人間の発した言葉をテキストデータにし、ペッパー内部のデータベースや、クラウドのデータベースから適切な解答を引っ張る　また、表情や声のトーン、体の動きを総合的に判断して、感情がポジティブかネガティブかを見分けるという。

肝は、データが増えるほど、応答や感情を読み取る精度が上がっていくことだ。ソフトバンクは、ペッパーのような家庭用ロボットが、パソコンやスマホと同じく、大衆向けテクノロジーとなると考えているという。

各種報道によれば、約二〇万円という価格は、製造コストを大幅に下回っていて、当初は赤字という。それでも販売するのは、データを収集できるメリットが大きいことが指摘されている。もちろん、ソフトバンクはプライバシーに関わるデータの収集はしていないとアナウンスしている。

さらに、ロボットではなくサイボーグのように、人間の能力を拡張することも現実の話となっている。脳が直接、ネットワークとやりとりし、脳の信号で直接、端末やデバイスを操作するような仕組みだ。DARPAは二〇一六年一月、人間の脳に埋め込んだ装置で、機械と通信する技術を開発するプロジェクトに、最大六二〇〇万ドル（六五億円）を拠出すると発表した。CNNによれば、DARPAは軍事利用を目的としていない、と説明している。「デジタル化された聴覚や視覚の情報を脳に送り込むことによって、聴覚や視覚の障害を補う新しい治療法の確立にもつながると期待される」と報じている。

日本国内だけで、人工知能を活用した機器、システムなどの市場規模はICT領域を中心に三兆七四五〇億円、二〇二〇年には二三兆円、二〇三〇年には八七兆円とも予測されている。特に、二〇二〇年の東京五輪を契機に、不自然な動きを人間以上の精度で察知する監視カメラなど、犯罪対策、テロ対策の分野は急速に普及するとみられている。

福音にもなれば災厄にも

ＤＡＲＰＡは、ソ連が人類で初めて人工衛星の打ち上げに成功したスプートニク・ショックの翌年、一九五八年に発足した。科学技術の後れが国家の存亡に関わるという教訓からだったという。計算機科学やロボット工学自体、数学者や物理学者の研究成果と、第二次世界大戦という要請が統合し、暗号解読や核開発の手段として加速してきた。ＤＡＲＰＡのロボットコンテストやサイボーグ研究が、言葉通り軍事を目的にしないということに私は懐疑的だが、それを覆す材料を持っているわけではない。ただ、開発された技術は、いずれにせよ一人歩きしていく。

機械が意思や悪意を持って人間を攻撃することは夢物語でも、かといってこれまで生まれてきた新しい技術、火や武器、火薬や核と同様、人工知能の派生技術は人類の福音にもなれば、厄災にもなり得る。雇用への影響といった間接的な問題はもちろん、人工知能あるいはＩＣＴの派生技術だけでも。

あくまで思考実験の範囲であるが、機械が目的に沿った行動に突き進めば、目的が適切でも、思わぬ結果を招くことがある。エキスパート・システムの不完全さを紹介する冗談でしばしば登場するエピソード、「熱を冷ますために心臓を止める」というパラドックスが、現実世界で起こらないとも限らない。

現在、株や為替（FX）、債券の取引は金額ベースで少なくとも半分以上は、アルゴリズム取引と推定されている。中でも、数千分の一秒単位で売買を行う「フラッシュ・トレーディング」が問題になりつつある。アルゴリズム取引の目的は、あくまで最大の利益を得ることだ。単純なテクニカル分析――チャートの変化のパターンを分析し、価格の上げ下げを予想する取引手法――から、人間には動きが予測できないような高度なアルゴリズムが走っているという。市場にゆがみがあれば、一瞬の価格差を狙った裁定取引――同じ商品を安い市場で買って高い市場で売ること――をしかけることもある。こうした取引が、市場に思わぬ影響を及ぼしている。

一九八七年一〇月一九日、NY株式市場は、一日で二〇パーセントも暴落した。値下がり時のリスクを避けるためのシステム「ポートフォリオ・インシュアランス」が勝手に取引をはじめたのが原因と言われている。実体経済に関係のないこうした暴落リスクは、アルゴリズムが高度化するほど高くなると言われ、規制すべきとの意見が出るようになっている。

さらに、ある程度汎用化した能力を持った機械が、チェスに勝つという目的・報酬のために、自身のプログラムやシステムをインターネットで大量にコピーし、あり得ないほど多くの計算資源や電力を使おうとしてしまうおそれがあり得るという。これは未来の話だとしても、冗談ではなく大まじめに検討されている。

「悪意のある不正ソフト」

機械自身が暴走すること以外にも、人為的に被害をもたらすこともある。九官鳥の言葉が飼い主の映し鏡であるように、機械やロボットもまた、人間の映し鏡になり得る。悪意を持てばもちろん、善意のつもりであっても、結果が常に善いことであるとは限らない。

アメリカとイスラエルが開発したマルウェア「スタックスネット（Stuxnet）」は、そのことを示唆《しさ》するエピソードだ。マルウェアというのは、コンピューター・ウイルスの中でも、「悪意のある不正ソフト」と言われるものだ。

イランは二〇〇〇年に入ってから、ナタンズという都市に核開発のための（イランは平和目的と主張）ウラン濃縮施設をつくっていた。ウラン濃縮には遠心分離器が使われる。施設はインターネットと完全に隔離されていて、物理的に施設を破壊する以外、ウラン濃縮を止めることは難しいと考えられていた。

そこで、アメリカとイスラエルは、「オリンピック・ゲームス」と呼ばれる作戦を立案する。当時のジョージ・W・ブッシュ元大統領が許可したという。マルウェアを送り込む作戦であり、二〇一二年、ニューヨーク・タイムズ紙が報じて、明るみに出た。

それらによると、施設に出入りする開発業者を装った工作員がUSBメモリーでスタックスネットを施設のシステムに感染させた。スタックスネットは、人間には気づかれないよう遠心分離器を誤作動させ、破壊することができる。当時の遠心分離器は国家にとってもまだ高価で、大量に用意することは容易ではない。

しかし二〇一〇年、スタックスネットは、予想外の「行動をとった」という。イランの核開発に関連していた企業のパソコンを通じて、ナタンズの施設から外部に出てしまったのだ。その後、ベラルーシのネット・セキュリティ会社に新種で謎のコンピューター・ウイルスとして発見され、イランを中心に一〇万台のコンピューター・システムに感染していたことが確認された。

こうして、スタックスネットは外部に発見されてしまったが、引き継いだオバマ政権は作戦を続け、最終的にイランにある八〇〇〇台を超える遠心分離器を破壊することに成功したという。二〇一〇年一一月、マフムード・アフマディネジャド大統領（当時）が「悪意のあるコードによって、遠心分離器が破壊された」ことを認めた。これにより、イランの核開発は二年、遅れたといわれている。

ちなみに、同様の作戦は北朝鮮に対しても検討されたが、当然、ネットワークに接続されておらず、外部の人間が接触することが困難な北朝鮮の施設に、まず物理的にマルウェアを送り込むことが難しく、断念したという。

問題は、ウラン濃縮施設にとどまるはずだったスタックスネットが外部に出て、多くのコンピューターに感染したことだ。しかし、スタックスネットは、そこではなにもしなかった。なぜなら、目的である遠心分離器が見当たらなかったからだ。

報道によれば、スタックスネットのような高度なマルウェアを作成できる技術者は、世界中に数人だろうと見積もられていた。しかし、鹵獲《ろかく》されたスタックスネットがあれば、改良が可能だ。スタックスネットの目的はインフラである遠心分離器を破壊することだ。では、目的をほかのインフラに変えてやれば、どうなるだろうか。

電力や水道、道路交通の制御システムなど都市は無数のインフラとそれを制御するシステムで成り立っている。スタックスネットによって、アメリカの送電網を攻撃するのにかかる費用は一〇〇万ドルへと、悪意と能力のある人間にとって、十分に敷居が下がったという試算もある。

スタックスネットのエピソードを引き、アメリカのジャーナリスト、ジェイムズ・バラット氏は「ホワイトハウスやNSAで働いている技術者や国防の専門家が、マルウェアの狭義の知能をコントロールできないのだとしたら、彼らに相当する人たちが未来のAGIやASIに対処できる可能性はどのくらいあるというのだろう？　そんな可能性はゼロなのだ」と述べている（『人工知能 人類最悪にして最後の発明』ジェイムズ・バラット著、水谷淳訳、ダイヤモンド社）。

悪の帝国の独裁者が、人工知能技術を悪用して他の国を攻撃する、あるいは人間を支配、管理しようとすることは分かりやすいし、歯止めのかけようもあるだろう。ただ、まったくの善意での暴走を止めるのは難しい。

ターミネーター化を防ぐ

繰り返すように、機械が意思を持って人間を駆逐するというのは妄想だろう。しかし、人工知能やロボット技術が暴走したり、悪用されたりしたときのリスクは、核開発と同じくらいかそれ以上だという。先に触れたホーキング氏やイーロン・マスク氏による人工知能への警鐘《けいしょう》は、機械のターミネーター化というより、使う人間の愚かさを指摘しているような気がしてならない。

電気自動車のテスラモーターズや宇宙開発を行うスペースXのCEOイーロン・マスク氏は、二〇一四年八月、ツイッター（Elon Musk@elonmusk）に、オックスフォード大学の哲学者、ニック・ボストロム教授の著書『Superintelligence』（超知能、未邦訳）を引き、「ＡＩには非常に注意する必要がある。潜在的な危険性は核より大きい」と投稿した。そして、ＡＩを有益なものにする研究支援のため、人工知能の安全性を研究する非営利組織「Future of Life Institute」（ＦＬＩ）に一〇〇〇万ドル（一一億円）を寄付した。ＦＬＩは、スカイプの創業者やＭＩＴの研究者らが立ち上げた組織で、マスク氏やホーキング氏が顧問を務めているという。

また、マスク氏らは非営利の人工知能研究組織「Open AI」を設立し、一部の企業や政府に人工知能技術が独占されないよう、研究成果をオープンソースにして、だれでも使うことができることを目指している、という。

さらに、第四章で述べたビットコインのブロックチェーンが、AIのターミネーター化を防ぐ技術になる、という指摘もある。ビットコインの項で触れたビザンチン将軍問題を思い出して欲しい。ブロックチェーン技術によって、だれかを陥れようとする裏切り者は排除できる。また、ブロックチェーンは合意形成のモデルであった。善意の参加者のトランザクション（取引履歴）だけが、承認され引き継がれていく。こうした仕組みを機械に組み込めば、最も共生的に機械が生き延びることになり、友好的なAIの生態系を生み出すことができるという。

マイクロソフトのチャットボット「Tay」がリリース直後の二〇一六年三月、冗談半分かあるいは明確な悪意を持っていたのか、ユーザーと会話を交わしていくうちに、ナチスを礼賛《らいさん》するような言葉や、ヘイトスピーチを繰り返すようになり、すぐに公開を止めた。

チャットボットは、チャット相手の言葉を解析して、相手に合わせて言葉を返しているに過ぎない。九官鳥が汚い言葉を使ったとしても、九官鳥が言葉に込められた悪意や憎悪を持っているわけではないのと同じだ。ただ、九官鳥の言葉が、飼い主の思考を表すように、機械も人間の映し鏡になる。人間の持ってしまう負の感情を、どう制御して機械に伝えていくのか。

避けられない格差の拡大

人間の発達は、生まれた瞬間から、あるいは胎児の段階から連続して、遺伝子と生身の肉体、神経、そして外部環境それぞれが複雑に相互作用して生じる結果だ。育った環境、育てられ方によって性格や志向もまた変わってくる。複雑な相互作用の結果、「悪い」人間になってしまうこともある。

日本の話に戻ろう。

前述したロボカップには、ジュニアという部門がある。子どもを対象に、ロボットの仕組みをガイドするようなコースで、さまざまな国の初対面の子ども同士がチームを組み、ロボットを設計して動かして、サッカーやレスキューにチャレンジする。狙いの一つはロボットの中身を知ってもらうことで、ロボットへの抵抗をなくし、ロボットを受け入れる素地をつくるということにある。浅田氏は「使えるツールとして、フレンドリーなロボット観、日本的ロボット観を全世界へ広めたい」と語る。

浅田氏の研究室を訪れたとき、ちょうど映画「チャッピー」が公開されていた。銃弾を受け廃棄処分寸前だった警察官ロボットに、天才エンジニアが経験と学習によって発達する人工知能プログラムをインストールする。しかし、ロボットはギャングに奪われてしまう。ギャングにチャッピーと名付けられたロボットは、赤ん坊のような意識を持った瞬間から、ギャングに育てられ、しかし母親のような愛情を受けて育っていく。そうして、チャッピーは悪いことを悪いことと意識せず、ギャングとして強盗などに手を染めてしまう、というストーリーだ。

浅田教授は「チャッピーの心の葛藤の描き方が、ちょっと足りないかな」とやや消化不良気味であったが、それでも示唆に富むと評価した。その後、私も映画を見たが、浅田氏が示唆したのはおそらく、人間とロボット、相互が持つロボット観、人間観だったのではないかと感じている。

コンピューターや人工知能、ロボット分野が、これからの国力を左右するとも言われている。「持つ者・国」と「持たない者・国」との格差はどんどん広がるという。

巨大企業が桁違いの研究費をかけて人工知能・ロボット開発に突き進むアメリカと比べ日本の後れも指摘されている。前述のシャフト社のように、技術力を持った日本のベンチャーがグーグルに買収されたことも、悲観的に語られている。日本発の技術が日本で育ち世界に広がれば、誇らしく思うだろう。それと同時に同じくらい、ナイーブかもしれないが、紆余曲折を経ながらも技術を民生利用、平和利用してきた日本の手法がこの分野でも広がれば、それも誇らしいことだと思う。

幸い、少なくない日本人は、からくり人形の時代から機械やロボットに親しみを感じてきたようだ。人工生命はいつか人間に逆襲するという「フランケンシュタイン・コンプレックス」もない。

五億年前の生物、二一世紀の機械

四〇億年から三五億年ほど前、地球での化学反応か、あるいは隕石《いんせき》にのって地球にたどり着いたのかいずれにせよ、生命に欠かせない構成要素アミノ酸が地球の海に出現した。ただのアミノ酸がどうやって増殖・自己複製する生物になったのかはまだ分かっていないが、とにかく物理的な実体をもった生物が地球に登場した。その後、三〇億年から三五億年の間、地球には単細胞のバクテリアと、単細胞生物が融合した多細胞生物しか存在しなかった。

五〇〇〇万年前から四〇〇〇万年前、二足歩行をする類人猿が現れる。さらに二〇〇万年前、大きな脳を持ち、道具と火を使うことができる初期人類のホモ・エレクトスが現れた。現生人類であるホモ・サピエンスが登場するのは二〇万年ほど前。石器を使い、狩猟採集や農耕を行い、言語と文字を操って知識を伝え、都市をつくって頻繁な情報交換をし、さらにそうした知識が新しい発見や発明を促した。

生命の誕生から四〇億年、現生人類から数えても二〇万年、災害や疾病、捕食者あるいは人間同士の争いを繰り返し、人間の想像を超える時間を経て知能は進化してきた。

カンブリア爆発の原因にはいくつかの説明がある。進化の爆発ではなく、化石記録の爆発的多様化だという説もある。興味深い仮説は、オーストラリアの生物学者アンドリュー・パーカーが提唱した「光スイッチ説」だ。

光スイッチとは「眼」の誕生を指す。カンブリア紀の地球では、環境変化によって光量が増大したという。おそらく、三葉虫が生物として初めて光を感知し、画像情報を脳に描く視覚を獲得した。外部世界を認識できる視覚は、捕食に圧倒的有利だった。すると、捕食する側とされる側の間での競争から、進化が加速した。捕食される側は身を守るため、硬い殻や骨を獲得するようになった。また、視覚を攪乱《かくらん》させるカモフラージュのために、身体の色や形を環境と同化させるような生物も誕生したという。

外界や環境、そして他者を認識する視覚は、すでにカメラやセンサーといった機器によって、機械が人間以上の能力を獲得している。しかしほかの、たとえば味や臭いといった感覚を機械に情報として入力することは、まだできていない。そうした身体感覚を整理されたデータとして扱うことができるようになれば、機械が人間と同じような感覚を持つことに近づくのかもしれない。

さらに技術が進めば、思考や知能に近いものが実現できるかもしれない。身体的感覚が、人間の常識の形成に関わっていたり、心や感情に影響を与えたりするのなら、こうした情報技術には欠かせないものとなる。

この本のタイトルは、まえがきでも書いたように、浅田氏の言葉からヒントを得た。現在、毎日のように話題になるロボットや人工知能も、一昔前には一握りの研究者、ＳＦファンのような特殊な関心を持った人間の間で話題になるだけだった。機械が将棋で人間に勝っても、一般ニュースにはなっても、あくまで「将棋で勝っただけ」と認識される程度だった。それが現在、毎日のようにロボットや人工知能研究が、どこかで取り上げられるようになった。そんな状況を、浅田氏のように、古くから関わってきた研究者はどう見ているのだろう。

研究室に「いた」ペッパーの横で「これほどロボットや人工知能が流行した現在をどう感じていますか」という問いに、浅田氏はこんな答えをくれた。

「ペッパーがこの値段（毎月の維持費を除いて、約二〇万円）で与えたインパクトはすごいですよね。とにかく、ロボットや技術が世の中に出ていくことが大切。構成的発達科学という考え方、ロボット工学や脳科学、心理学……。昔、私が言っていたことが、ひとつになりつつある。楽しい時代になったと思いますよ。ロボットのカンブリア紀みたいに、これからいろんなロボットが出てくることが楽しみです」

均質な集団は絶滅しやすい。種として生き残るには、多様性が必要だ。ロボットや人工知能の第一次、第二次ブームと現在、そこが異なる。産業界はもちろん、ペッパーほど高機能ではないにせよ、子ども向けのホビーのようなものまで含めて、いつの間にか家庭用のコミュニケーションロボットがいくつも登場している。私の自宅でも、掃除ロボット「ルンバ」が活躍してくれている。

私たちは現在、江戸時代をひとくくりにしているが、実は二六五年も続いている。現在から二六五年をさかのぼれば江戸の中期だ。イギリスで最初に起こった産業革命も、一七六〇年代から一八三〇年ごろまでの約七〇年間を指している。カンブリア紀は約五五〇〇万年間のできごとだ。

先日、ニューヨーク市立大学大学院ジャーナリズム学科教授で、『デジタル・ジャーナリズムは稼げるか』（東洋経済新報社）の著者でもあるジェフ・ジャービス氏の講演を聴く機会があった。教授によれば、グーテンベルクが活版印刷技術を発明した一四四五年から商業新聞というビジネスモデルが成立するまで、約一五〇年かかっているという。

後世の人からみると、第二次世界大戦末期のデジタルコンピューターの誕生から一〇〇年ほどをひとくくりにして、原始機械時代とか、機械以前時代、あるいは第四次産業革命と呼ぶのかもしれない。進歩のスピードは現代ほど速くなかったにせよ、あらゆる時代に新しい発見や発明があり、刺激的な出来事があっただろう。そして現代、機械が爆発的に進化し多様化していく時代を目の当たりにして生きられることを、とても幸せに思う。

欲を言えば、シンギュラリティが起こるかもしれない二〇四五年、ロボットチームがサッカーのワールドカップ優勝チームと戦うかもしれない二〇五〇年まで、生きていたいと思う。

あとがき

本書脱稿後にもＡＩ関連の取材をしている。そのなかからいくつか紹介しておきたい。せっかくなので、私の住んでいる北海道の話をご紹介しよう。健康、経済、人間性、社会と多くの分野にわたる産業、つまり農業とＡＩがテーマだ。

私が好きな小説の一つ、『赤いダイヤ』（梶山季之《かじやまとしゆき》、一九六二年）にこんなシーンがある。ある相場師が毎朝、千葉・房総《ぼうそう》沖の海に手を入れて水温を調べる。相場師は水温を肌で感じることによって、遠く北海道の中心部、十勝《とかち》地方の小豆《あずき》の作況がどうなるか予想している。小豆はタイトル通り、赤いダイヤと呼ばれる古くからの相場商品だ。北海道、中でも帯広《おびひろ》のある十勝地方は現在でも全国の六割以上の小豆生産がある一大産地。ほかにも、酪農や小麦など畑作生産の一大拠点である。

この相場師には実在のモデルがいると言われているが、エピソードが実話かどうかは分からない。ただ、人間の経験や直観、定式化できない知識・知恵というのは、将棋や囲碁を例にするまでもなく、時に信じがたい能力を開花させることがある。房総沖の水温で小豆の作況を予想するという超絶的な感覚というのは、実際にあるのではないかとも思う。本書でもたびたび触れた、直観とかヒューリスティックと呼ばれるものだ。

その帯広で、農業にＩＴ、人工知能技術を取り込み「農業のグーグルを目指す」「農業に破壊的イノベーションを起こす」という目標を掲げるＩＴベンチャーがある。小林晋也社長率いるファームノートという会社である。

同社が展開しているのは、ＩｏＴならぬＩｏＭ（Interent of Animals）。「クラウド型牛群管理システム」と呼んでいる。酪農家が飼育する牛の一頭一頭の首にセンサーが取り付けられ、エサを食べるなどの行動や歩数、活動量などのデータが二四時間、絶え間なくクラウドに蓄積される。発情や病気の予兆がタブレットなどに通知され、それらの情報は牧場全体で共有される。また、体細胞や乳成分のデータから正常・異常を発見し、牛舎環境や飼料の改善にも役立てるという。さらに、クラウドに蓄積したビッグデータを人工知能技術によって解析することで「最適な飼養管理を実現する」という。

乳牛は発情、出産、搾乳というサイクルを繰り返す。大規模になるほど牛の管理に手間がかかるようになる。それまで酪農家は手書きのノート、あるいはパソコンへの手入力でデータを管理しているから、発情や出産のタイミングを逸することで経済的な損失を被るリスクを抱えていた。しかし、ＩｏＭによって、牛の肥育、生乳生産は劇的に効率化され、ファームノートのシステムはすでに全国一四〇〇の酪農家、一三万頭に導入されている。

小林氏は「人と人、データとデータがつながることで農業の価値が上がる。人工知能によって、人間がより人間らしい作業に集中することができるようになる。データが集まり知識ができ、生産性がアップし、農業がカッコよく、楽しく、効率的になる。破壊的イノベーションを起こして、地方から力強いものを生み出していきたい」と構想する。

また、農業にＩＴ技術を取り込んだ会社を東日本大震災の被災地で設立したある起業家から、こんなエピソードを聞いた。

この会社では施設園芸（ビニールハウスでの果物や野菜）の管理にＩＴ技術を導入した。環境の影響を比較的に受けにくい施設園芸では、水や土、肥料、温度など農業生産に欠かせない要素をデータ化しやすい。地元のベテラン農家と協力して事業を進めたが、ベテランには当初、職人芸を機械に任せることに抵抗があったという。

この起業家は「農業にセンサーやパソコンを持ち込むことに抵抗感がある人はいる。しかし、新旧の争いはナンセンス。強いパワーを持つ人とどう連携するかがポイントではないか」と言った。ベテランとは徹底して議論することで、お互いの理解を得たという。起業家は「ベテラン農業者が持っている勘と経験を見える化し、農業を再現性の高いものにしたい。あと五～一〇年で、施設園芸の世界では、人間より機械がよりよいものをつくるだろう」と予測している。

人工知能といえば、最先端のベンチャー企業や大学、大企業の取り組みが注目されがちだ。それに、特にウェブの世界、あるいは注目される創薬やゲノム編集といった分野では、グーグルやフェイスブックなど巨大企業が参入した途端に、すべてを独占されてしまう。しかし、農業のビッグデータは、農業の現場でしか得ることができない。農業だけでなく、日本全国に地域の歴史や風土、特性に根ざした産業がある。こうした作業に必要な知恵や経験のほとんどは、まだまだ可視化されていない。日本中に眠っているだろうこうした知恵が新しい技術によって可視化されたとき、どんなインパクトを世の中に与えるのだろうか。

もう一つ、補足しておきたいことがある。それは、本書で取り上げた「シンギュラリティ」が、すでに始まっているということだ。

すっかりなじみとなった交通機関の乗り換え検索、飲食店や商品の価格比較、ネットショップからのレコメンド……人工知能技術を使ったアプリケーションやユーザーレビューをはじめとする集合知によって、人間の意思決定が知らないうちにサポートされている。そして改めて指摘されるまで、私たちは機械によって意思決定をサポートされていることに気がつかないでいる。

こんな状況を踏まえて、私がこの分野を取材するきっかけになった公立はこだて未来大学の松原仁教授は最近、よくこう語っている。

「シンギュラリティが来るか来ないか、というより、もうその世界に入っていています」

現代人の多くは、機械に意思決定の一部を委ねている。さらに、ＡＩがＡＩをつくることによって、技術的進展が予測不可能になる現象は、特に将棋の世界で顕著だ。すでに機械同士が二四時間、休むことなく対局し続けることで、人間には理解不能な勝負が繰り広げられている。機械が始めた新手が人間のプロの対局でも使われるようになり、機械に創造性があることも証明されつつある。しかし一方で、機械がなぜそのような手を指したのか打ったのか、人間が解説することは難しくなっている。将棋の技術的進展は、人間には予測不可能なレベルに入っている。

羽生善治氏は、この予測不可能な事態、本書で触れたブラック・ボックスについて「美意識」という言葉を使ってこう表現した。

「将棋は盤面のいい形、美しい形、あるいは愚形とか、形の善し悪しをきめ細かく見極める力によって強くなる。しかしコンピューターは、そういう美意識とは合わない、違和感のある形の手を提示する。コンピューターの考えを取り入れると、美意識そのものが変わる側面も出てくるだろう」（二〇一六年八月、札幌での講演）

羽生氏の言う「美意識」とは無意識の経験、体系化がとても難しい知恵や知識、直観といわれる人間らしい知性を感覚的に表現したものかもしれない。あるいは、牧場経営や施設園芸、さまざまな分野のエキスパートが誇りに思う職人技かもしれない。

二〇一五年八月、「脳全体のアーキテクチャに学び人間のような汎用人工知能を創る（工学）」ことをミッションに、NPO法人 全脳アーキテクチャ・イニシアチブ（Whole Brain Architecture Initiative＝WBAI）を創設した山川宏ドワンゴ人工知能研究所所長は、二〇一六年一〇月の札幌での取材において、ディープ・ラーニングのインパクトについて「十分にデータを得られるタスクの範囲内であれば、応用価値のある人間並の性能を持つ機械学習が可能になったこと」を挙げている。「計算機が十分なパワーを持つようになったことで、人工超知能＝AGIに必要な基本パーツがほぼ出そろいつつある」とも。さらに「AGIは世界中で開発レースが行われていて、私たちはその競争に勝とうとしている。二〇三〇年までに人間一人の能力を持つAGIの実現可能性は十分に高い」と断言する。

この技術革新によって起こる「破壊的イノベーション」はあらゆる分野に波及しうる。その範囲は、山川氏によれば、WBAIでは「HELPS」といわれている。Health（健康）、Economy（経済）、Legal（法律）、Policy（政策）、Social（社会）の頭文字をとったものだ。

本文で触れた齊藤元章氏がエクサスケール・スーパーコンピューターに取り組む理由は、人類の課題を克服するためという。山川氏も「食糧問題や環境問題にいかに対抗するか、人類として存続、生き延びなければならない。その手段の一つが「AGI」とみている。たとえば農業という健康、経済、人間性に関わり、人類として生き延びることに欠かせない産業で、日本、それも地方発の技術が人類の課題解決に一役買うかもしれない、そんな壮大な想像がいま、頭をよぎっている。

本書を執筆するにあたり、取材や資料集めに長い時間を要してしまい、企画がスタートしてから三年もたってしまった。この間、ずっとサポートしていただいたdZEROの松戸さち子さんに感謝申し上げます。

二〇一七年二月　札幌にて

むことができた。18ページで書いたように、本物と偽物候補2枚のうち1枚を天秤にのせ、釣り合えば余った1枚が偽物、釣り合わなければのせた1枚が偽物だ。単純に、7番と8番を天秤にのせて軽い方が偽物と判断することもできる

では、1回目に釣り合わなかった場合はどうだろうか。

偽物は軽いのだから、軽かった方の3枚が偽物候補となる。3枚のうち2枚を天秤にのせ、傾けば軽い方が偽物、釣り合えば残った1枚が偽物と判別することができる。

「八枚の金貨」（18 ページ）の答え

本物の金貨を 1 枚でも特定し、偽物の可能性のある金貨を 2 枚にまで絞り込むことができれば、天秤を 1 回使うだけで、偽物を見分けることができる。つまり、本物と偽物候補 2 枚のうち 1 枚を天秤にのせ、釣り合えば余った 1 枚が偽物、釣り合わなければのせた 1 枚が偽物だと分かる。

8 枚の金貨のうち、1 枚が偽物で、しかも偽物は本物より軽いということは分かっている。そこで、8 枚の金貨に 1 から 8 までの番号をつける。

1 回目は天秤の左に 1 〜 3 番を、右に 4 〜 6 番をのせる。

釣り合った場合は、1 〜 6 番は本物で、偽物は 7 番か 8 番のいずれかとなる。これで、本物を特定し、偽物候補を 2 枚に絞り込

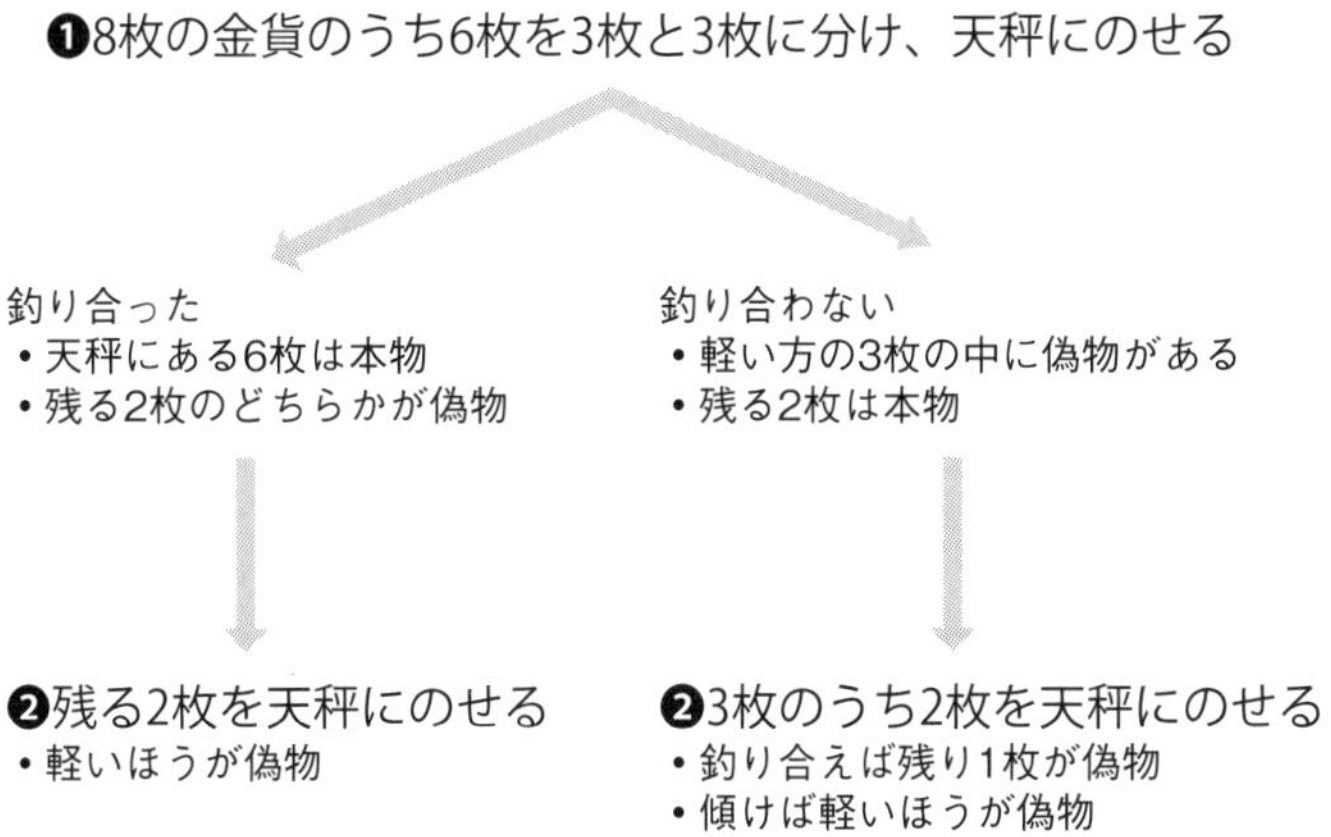
❶8枚の金貨のうち6枚を3枚と3枚に分け、天秤にのせる
釣り合った
・天秤にある6枚は本物
・残る2枚のどちらかが偽物
釣り合わない
・軽い方の3枚の中に偽物がある
・残る2枚は本物
❷残る2枚を天秤にのせる
・軽いほうが偽物
❷3枚のうち2枚を天秤にのせる
・釣り合えば残り1枚が偽物
・傾けば軽いほうが偽物

2013年　第2回将棋電王戦で現役の棋士が、コンピューターに公式の場で初めて敗れる（3月）。オバマ大統領が「ブレイン・イニシアチブ」を発表する（4月）

2014年　グーグルがディープ・マインドを買収する（1月）。ソフトバンクがコミュニケーションロボット「ペッパー」を発表する（6月）

2015年　ディープ・マインドが、ビデオゲームを自律的に学習する「DQN」(Deep Q-network) に関する論文を発表する（2月）。ディープ・マインドの囲碁ソフト「アルファ碁」が、人間のプロ棋士を初めてハンディなしで破る（10月）

2016年　アルファ碁が、イ・セドル九段との対局で4勝1敗と勝利する

表、「30 年以内に私達は超人間的な知能を作成する技術的な方法を持ち、直後に人の時代は終わるだろう」と記す

1996 年　チェスの世界チャンピオン、ガルリ・カスパロフとディープ・ブルーが対局、3 勝 1 敗 2 分けでカスパロフが勝利する

1997 年　カスパロフとディープ・ブルーが再戦し、2 勝 1 敗 3 分けでディープ・ブルーが勝利する

1998 年　グーグルが設立される

1999 年　ソニーが自律型の犬型ロボット「AIBO」を発表する

2000 年　ホンダが二足歩行ロボット「ASIMO」を発表する

2002 年　米のアイロボット社が「ルンバ」を発売する

2005 年　レイ・カーツワイルが「The Singularity Is Near」（シンギュラリティは近い）と発言、「技術的特異点」という考えが広がり始める

2007 年　渡辺明竜王（当時）とボナンザが公開対局、渡辺竜王が勝利する

2008 年　「中本哲史」の名で、暗号に関するメーリングリストにビットコインに関する論文が投稿される

2009 年　ビットコインの運用が開始される

2010 年　イギリスにディープ・マインド社が設立される

2011 年　IBM のコグニティブ・システム「ワトソン」がクイズ番組で人間を破って優勝する

2012 年　グーグルの「グーグル・ブレイン」が猫の特徴を“認識”することに成功する（6 月）。理研のスパコン「京」が完成する（6 月）

1957年　人類初の人工衛星「スプートニク1号」が打ち上げに成功する
1958年　DARPA（アメリカ防衛先端技術研究計画局）の前身、ARPAが設立される（2月）。脳と視覚をモデル化したニューラル・ネットワークのパーセプトロンが発表される
1959年　マッカーシーとミンスキーらが、MITに人工知能研究所を設立する
1963年　日本のアニメ「鉄腕アトム」が放送を開始する
1965年　ゴードン・ムーアが「ムーアの法則」を発表する
1968年　フィリップ・K・ディック『アンドロイドは電気羊の夢を見るか？』が出版される
1971年　インテルが最初のマイクロプロセッサーを発表する
1976年　NECのマイコンキット「TK80」が発売される
1981年　ヴァーナー・ヴィンジ『マイクロチップの魔術師』にサイバースペースという概念が登場する
1982年　通商産業省（当時）が「第五世代コンピュータ計画」を発表する。『アンドロイドは電気羊の夢を見るか？』が「ブレードランナー」として映画化される（6月）
1984年　映画「ターミネーター」が公開される
1989年　米IBMがチェス専用マシン「ディープ・ブルー」の開発を開始する
1992年　日本でロボットと人工知能の融合を目指してロボカップが発足する
1993年　ヴァーナー・ヴィンジがエッセイ「The Coming Technological Singularity」（技術的特異点の到来）を発

関連年表

1760年代	イギリスで産業革命が始まる
1811年	イギリスで機械破壊運動「ラッダイト運動」が始まる
1818年	イギリスの小説『フランケンシュタイン、あるいは現代のプロメテウス』が出版される
1910年	「フランケンシュタイン」が映画化される
1920年	チェコスロバキアの作家カレル・チャペックの戯曲「R.U.R.」（Rossum's Universal Robots ＝ロッサム万能ロボット会社）で「ロボット」という言葉が登場する
1928年	ジョン・フォン・ノイマンが「室内ゲームの論理」を発表し、完全情報ゲームには必勝法が存在することを証明する
1945年	第二次世界大戦が終わる
1946年	アメリカで世界最初の電子計算機の一つ「ENIAC」（エニアック）が完成する
1949年	クロード・シャノンが「チェスのためのコンピュータプログラミング」を発表する
1950年	アイザック・アシモフのSF短編集「I, Robot」（われはロボット）。ロボット工学三原則が示される（12月）。アラン・チューリング「計算する機械と知性」が発表される
1956年	アメリカ・ダートマス大学での会議で、人工知能（Artificial Intelligence ＝ AI）が提唱される

『HAL 伝説 2001 年コンピュータの夢と現実』デイヴィッド・G・ストーク、早川書房
『人類を超えるＡＩは日本から生まれる』松田卓也、廣済堂新書
『機械との競争』エリク・ブリニョルフソン、アンドリュー・マカフィー、村井章子訳、日経 BP 社
『ロボット社会のリアルな未来』日経 BP ムック
「WIRED」VOL.20、人工知能はどんな未来を夢見るか
「現代思想」2015/12、特集 人工知能ーポスト・シンギュラリティ
「別冊日経サイエンス　ロボットイノベーション」浅田稔編
「ビッグデータ 可能性と限界」ニューズウィーク日本版、2014 年年 9 月 2 日号
『2045 年問題——コンピュータが人類を超える日』松田卓也、廣済堂新書、kindle 版
『人工知能、ロボット、人の心。』湯川鶴章、The Wave、kindle 版
『記号創発ロボティクス』谷口忠大、講談社選書メチエ、kindle 版
『テクノロジーが雇用の 75％を奪う』マーティン・フォード、朝日新聞出版、kindle 版
『ビットコインはどのようにして動いているのか?』大石哲之、tyk publishing、kindle 版
『エクサスケールの衝撃』齊藤元章、PHP 研究所、kindle 版
『FinTeck 革命』日経 BP NEXT ICT 選書、kindle 版
『普通の人たちを予言者に変える「予測市場」という新戦略』ドナルド・トンプソン、千葉敏生訳、ダイヤモンド社、kindle 版
『マネー・ボール（完全版）』マイケル・ルイス、中山宥訳、早川書房、kindle 版
『人工知能は人間を超えるか』松尾豊、角川 Epub 選書、kindle 版
『人工知能は私たちを滅ぼすのか』児玉哲彦、ダイヤモンド社、kindle 版
『人工知能 人類最悪にして最後の発明』ジェイムズ・バラット著、水谷淳訳、ダイヤモンド社、kindle 版
『AI の衝撃——人工知能は人類の敵か』小林雅一、講談社現代新書、kindle 版
『NEXT WORLD ——未来を生きるためのハンドブック』NHK スペシャル制作班編著、NHK 出版、kindle 版
『シンギュラリティは近い——人類が生命を超越するとき』レイ・カーツワイル、NHK 出版、kindle 版

その他、朝日新聞、読売新聞、毎日新聞、日本経済新聞、北海道新聞、共同通信の配信記事を参考にしている。

参考文献

『137 億年の物語』クリストファー・ロイド、野中香方子訳、文藝春秋
『頭脳対決！　棋士 vs. コンピュータ』田中徹＋難波美帆、新潮文庫
『マイクロチップの魔術師』ヴァーナー・ヴィンジ、若島正訳、新潮社
『知能の謎』けいはんな社会的知能発生学研究会、講談社
『ロボットという思想』浅田稔、NHK ブックス
『計算機と脳』J・フォン・ノイマン、柴田裕之訳、ちくま学芸文庫
『電脳生物たち――超 AI による文明の乗っ取り』H・モラヴェック、野崎昭弘訳、岩波書店
『思想としてのパソコン』西垣通編著訳、NTT 出版
『集合知とは何か』西垣通、中公新書
『「みんなの意見」は案外正しい』ジェームズ・スロウィッキー、小高尚子訳、角川書店
『進化とは何か』リチャード・ドーキンス、吉成真由美編・訳、早川書房
『ロボット革命』本田幸夫、祥伝社新書
『IBM 奇跡の“ワトソン”プロジェクト』スティーヴン・ベイカー、土屋政雄訳、早川書房
『〈心〉はからだの外にある』河野哲也、NHK ブックス
『インテルの製品開発を支える SF プロトタイピング』ブライアン・デイビッド・ジョンソン、細谷功＝選・監修、亜紀書房
『世界でもっとも強力な 9 のアルゴリズム』ジョン・マコーミック、長尾高弘訳、日経 BP 社
『シンギュラリティ――人工知能から超知能へ』マレー・シャナハン、ドミニク・チェン監訳、NTT 出版
『ロボットの脅威』マーティン・フォード、松本剛史訳、日本経済新聞出版社
『人工超知能が人類を超える』台場時生、日本実業出版社
『コネクトーム』セバスチャン・スン、草思社
『情報処理別刷　続スーパーコンピュータ京の利用』情報処理学会
『ザ ネクスト テクノロジー』日経 BP ムック
『コンピュータには何ができないか』ヒューバート・L・ドレイファス、黒崎政男＋村若修訳、産業図書

著者略歴

一九七三年、北海道に生まれる。早稲田大学を卒業し、北海道新聞社へ入社。記者として警察、教育・大学などを担当。二〇〇六年、取材メンバーとしてかかわった連載企画「あなた見られてます――監視と安全のはざまで」が新聞労連ジャーナリスト大賞優秀賞を受賞。二〇〇七年、北海道大学科学技術コミュニケーター養成ユニット本科を修了する。現在は電子メディア局部次長。

著書には『閃け！　棋士に挑むコンピュータ』（共著、梧桐書院、のちに『頭脳対決！　棋士VS.コンピュータ』として新潮文庫化）、編著として『メディア・イノベーションの衝撃』（日本評論社）がある。

AI《エーアイ》の世紀《せいき》　カンブリア爆発《ばくはつ》

――人間《にんげん》と人工知能《じんこうちのう》の進化《しんか》と共生《きょうせい》

二〇一七年三月一三日　第一刷発行

著者　田中《たなか》　徹《てつ》

発行者　古屋信吾

発行所　株式会社さくら舎　http://www.sakurasha.com

東京都千代田区富士見一-二-一一　〒一〇二-〇〇七一

電話　営業　〇三-五二一一-六五三三　FAX　〇三-五二一一-六四八一

編集　〇三-五二一一-六四八〇

振替　〇〇一九〇-八-四〇二〇六〇

装丁　アルビレオ

カバー写真　Blend Images／アフロ

印刷・製本　中央精版印刷株式会社

ISBN978-4-86581-091-2

さくら舎の好評既刊

森永 宏喜

全ての病気は「口の中」から!

歯が痛くなる前に絶対読む本

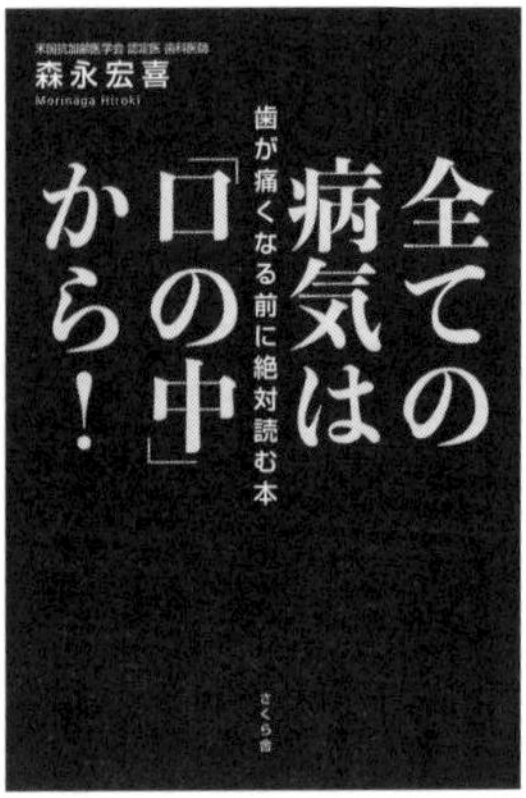

成人の約８割が歯周病。糖尿病、動脈硬化、認知症、脳卒中、心筋梗塞も口からはじまる！　しかし日常の簡単なケアで防げる、治ります！

1400円(＋税)

定価は変更することがあります。